Bevor Kolumbus kam –
Die frühen Entdecker Amerikas

René Oth

BEVOR KOLUMBUS KAM

Die frühen Entdecker Amerikas

THEISS

Meiner Tochter Elodie in Dankbarkeit gewidmet

Bibliografische Information Der Deutschen Bibliothek
Die Deutsche Bibliothek verzeichnet diese Publikation in der
Deutschen Nationalbibliografie; detaillierte bibliografische
Daten sind im Internet über http://dnb.ddb.de abrufbar.

Umschlaggestaltung: Stefan Schmid, Stuttgart unter Verwendung
einer Abbildung der PA, Frankfurt/Main

Die Herausgabe dieses Werkes wurde durch die Vereinsmitglieder
der WBG ermöglicht.
Lektorat: Heide Stieger, Stuttgart
Gestaltung und Satz: ew print & medien service gmbh, Würzburg
Druck und Bindung: Druckpartner Rübelmann, Hemsbach
ISBN-10: 3-8062-1997-4
ISBN-13: 978-3-8062-1997-5

Besuchen Sie uns im Internet: www.theiss.de

INHALT

Vorwort

Die Triebfeder und Motivation der Entdecker und Eroberer

Die Erde ist allenthalben „entdeckt", es gibt keine weißen Flecken auf der Landkarte mehr. Der uralte Traum der Menschheit von neuen, reichen Ländern, Inseln der Seligen, wo die Straßen mit Gold gepflastert sind und zuvorkommende Menschen zum Verweilen einladen – oder aber auch: wo urweltliche Ungeheuer durch Dschungeldickichte brechen und Helden mit übermenschlicher Stärke und Tapferkeit gefahrvolle Abenteuer bestehen –, gehört längst der Vergangenheit an. In allen Zeiten der irdischen Geschichte erwies sich die menschliche Neugier als Triebfeder zu immer kühneren Entdeckungsfahrten. Zur Neugier gesellten sich der Drang nach Süden und die Hoffnung auf bessere Lebensbedingungen sowie Glaubenseifer, Goldsucht, Wissensdurst, Mitteilungsbedürfnis und Sinnsuche. So fegte der Erkundungselan der Europäer wie ein Sturmwind über die abgelegensten Reiche hinweg.

Dass Amerika schon vor wenigsten 50 000 Jahren entdeckt wurde, dass der Homo sapiens die Neue Welt bereits lange vor Europa besiedelte, dass er übers Land und übers Meer kam, erweist sich als neue wissenschaftliche Erkenntnis, die zur Zeit noch im Gegensatz zu dem steht, was in gängigen Schulbüchern nachzulesen ist.

Die Menschen haben sich schon immer für ferne, unbekannte, geheimnisvolle Geschehnisse und Länder begeistert. Auch heute können sie der Versuchung nicht widerstehen, für eine Weile aus der eigenen Umwelt auszubrechen und sich zurück in die Zeiten der Entdeckerfreude zu versetzen, als man noch davon überzeugt war, auf der Suche nach neuen Gefilden entweder den Heiligen Gral oder das irdische Paradies zu finden.

Was heute als Phantasterei gilt, das war in den vorausgegangenen Jahrhunderten Wissenschaft oder jedenfalls der Versuch dazu. So hat sich Kolumbus in seinem geographischen Lehrbuch, verfasst vom Kardinal d'Ailly, sorgfältig alle Hinweise notiert, die angeblich zu Gold oder Edelsteinen führen sollten.

Die heilige Hildegard von Bingen beschrieb ihrerseits die vermeintlichen Gefahren, die im westlichen Atlantik auf allzu wagemutige Seefahrer lauern: „Gegen Westen erschienen außerhalb der Rundung der Erde Finsternisse, die von beiden Seiten dieser Rundung ... sich wie ein Bogen ausspannten. Zwischen der West- und der Nordecke klafften zwei andere, dichtere und noch gewaltigere Finsternisse wie ein entsetzliches Maul, das zum Verschlingen aufgerissen war ... Zwischen der nördlichen und der westlichen Ecke gibt es noch andere, dichtere und bittrere Finsternisse, existiert in seiner ganzen Härte der Schlund des Höllenpfuhls, der die Seelen der Verdammten verschlingt ...“

Kolumbus dagegen war aus geographischen wie klimatischen Gründen von der Überzeugung durchdrungen, er habe im Westen das biblische Paradies und dessen vierten Fluss gefunden, als er auf den Orinoco stieß.

Die alten Horrorberichte über Flaute und Meeresungeheuer und sonstige Gefahren im Atlantik waren einst von den Phöniziern ausgestreut worden, angeblich, weil sie die Konkurrenz verschrecken wollten.

Im Laufe der Jahre ist Kolumbus eine romantische Gestalt geworden, heute noch Inbegriff des Entdeckers schlechthin. Ein Romantiker, Victor Hugo, schrieb: „Kolumbus' Größe besteht nicht darin, dass er angekommen ist, sondern dass er losgefahren ist.“ Das kann man als romantischen Unsinn abtun, denn losgefahren sind viele.

Kolumbus' Größe besteht vielmehr darin, dass er, anders als die unromantischen Könige von Portugal und deren Kapitäne, eine völlig neue Straße einschlug – und ankam, wobei es zu erwähnen gilt, dass er einer der besten Seeleute seiner Zeit war.

Am 12. Oktober 1492 entdeckte Kolumbus Amerika – so lautet die gängige Umschreibung für ein Ereignis, das nach geläufiger Geschichtsauffassung den Eintritt in die Neuzeit kennzeichnet. Europa wurde von keinem Kolumbus „entdeckt“, die „Alte“ Welt existierte seit Menschengedenken; Amerika aber begann für die Europäer erst in dem Augenblick Wirklichkeit zu werden, als sie es zur Kenntnis nahmen und sich von dieser „Neuen“ Welt ein Bild schufen. Die Begegnung der Europäer mit Amerika war eine Begegnung mit dem Fremden – mit einer Welt und mit Völkern, die nicht zur eigenen Erlebniswelt gehörten und von dieser sehr verschieden waren. Interessanter als die Taten – und Untaten – europäischer Entdecker ist die Art und Weise, wie die Neue Welt von der Alten wahrgenommen wurde, wie diese Wahrnehmung von Anfang an durch stereotype Vorstellungen und langlebige Vorurteile geprägt war: schöne Wilde, nackte Kannibalen, Heiden, Barbaren, Monster oder tugendhaft-glückselige Völker, die über unermessliche Schätze verfügten und im irdischen Paradies wohnten.

Den Europäern erbrachte die Begegnung mit Amerika einen unermesslichen Profit, den amerikanischen Völkern hingegen Raub, Versklavung und Tod. Schuldzuweisungen können heute das geschehene Unrecht nicht bewältigen helfen, doch vermag es vielleicht die Einsicht in jene Strukturen und Mechanismen, die bei der Begegnung der Alten mit der Neuen Welt wirksam wurden und die heute bei den Begegnung der ersten mit der dritten Welt keineswegs als überwunden gelten können.

Nach Ankunft der Weißen wurde einer mindestens 50 Jahrtausende währenden eigenständigen Kulturentwicklung ein jähes Ende bereitet. Die Spanier, die sich als Botschafter des Christentums verstanden, zogen im Goldrausch plündernd durch Mittel- und Südamerika; je weiter die Engländer und Franzosen im nördlichen Teil des Doppelkontinents nach Westen vorrückten, desto mehr schrumpfte das von Indianern besiedelte Land.

Bei ihren Raufereien um die Hegemonie in der Neuen Welt scherten sich die Europäer keinen Deut um die Belange der amerikanischen Ureinwohner. Mit körperlichem Totschlag (Genozid) und kulturellem Mord (Ethnozid) vergingen sich die fremden Eroberer an den Indianern, die einen teuren Preis für ihre angebliche Zivilisierung bezahlen mussten. Im großen Ringen um die Vorherrschaft unterlagen die „Rothäute", stark dezimiert, in schäbige Reservate umgesiedelt, gänzlich demoralisiert.

Die heutigen „American natives" sind selbstbewusster geworden, vielleicht auch fordernder, sie sind dabei, ihre Vergangenheit zu bewältigen und sich der Zukunft zuzuwenden, sie sind bemüht, die Apathie zu überwinden, die ihnen als den Geschlagenen, Verfolgten, Entrechteten der Geschichte zu Eigen war – und noch ist, vielerorts.

Hatten sie überhaupt einen Anlass, 1992 den 500. Jahrestag der Entdeckung Amerikas durch Kolumbus mitzufeiern?

Wie in Stein gemeißelt erscheint ihr Gesicht: Die Squaw sitzt im Freien, vor der brütend-schwülen Florida-Hitze durch das Schilfdach einer Hütte ohne Wände geschützt. Bunt, mit den traditionellen Mustern ihres Stammes verziert, sind die Stoffreste, die sie auf einer Uralt-Singer, vielleicht

„Baujahr 1918", zu einem Rock verarbeitet: dass die Nähmaschine in dieser Luftfeuchtigkeit überhaupt arbeitet, ist enweder ein Wunder oder zeugt von Qualität. Das Gesicht der Seminolen-Indianerin bleibt auch dann unbeweglich wie Marmor, wenn sie eine Frage beantwortet. Die schmalen, verhärmten Lippen bewegen sich kaum: „Kolumbus ... wir", – und auf diesem „wir" liegt die Betonung –, „wir haben keinen Grund zum Feiern ...".

Die Geschichte der nord- und lateinamerikanischen Ureinwohner ist die Historie einer Auseinandersetzung, die noch immer nicht zu Ende ist, denn als ein Teil der Menschheit, die vor mehr als 50 000 Jahren den Weg in einen menschenleeren Kontinent fand und sich dort isoliert von allen anderen Völkern und Rassen entwickelte, wollen die Indianer nicht auf ihre Eigenständigkeit verzichten. Carl Marquardt schrieb im Dezember 1982 im „P.M.": „Ein halbes Jahrtausend Kontakt mit den Bleichgesichtern und ihrem kategorischen Imperativ, ihrer Leistungsgesellschaft und ihrem Fortschrittsglauben haben dreißig Jahrtausende einer in unseren Augen rätselhaften Kreatürlichkeit nicht stark ankratzen können."

Die dreißig Jahrtausende, von denen Carl Marquardt 1982 sprach, waren damals schon sehr hoch angesetzt und mussten jeden Verteidiger der in jenen Tagen vorherrschenden Schulweisheit zur Weißglut bringen. Heute geht die Rede von mehr als 50 000 Jahren eigenständiger Entfaltung der Ureinwohner des amerikanischen Doppelkontinents, denen schon sehr früh der Sprung in die Neue Welt gelang, die gar nicht so neu ist, wie es bislang den Anschein hatte.

Amerika wurde nicht nur viel eher, sondern auch öfter entdeckt, als bisher angenommen. So gibt es viele geheime Entdecker, deren Einfluss auf die Entdeckten manchmal sehr ausgeprägt war, sich aber häufiger im Nichts verflüchtigte. Ihnen allen ist dieses Werk gewidmet.

I.

WANDERTRIEB IM BLUT

oder

Die Geschichte der Besiedlung Amerikas

LOCKENDE FREMDE

Der Homo sapiens betrat Amerika vor Europa

Wir sind alle Afrikaner

Die Wiege des anatomisch modernen Homo sapiens, dessen ältester fossiler Nachweis nach jüngsten Ergebnissen knapp 200 000 Jahre alt ist, befand sich in Afrika, genauer: südlich der Sahara. Die frühen, archaischen Homo-sapiens-Populationen entwickelten sich dort etwa zwischen 600 000 und 200 000 Jahren aus dem Homo erectus. Nach weiteren 100 000 Jahren bildete sich der späte Homo sapiens heraus, der sich von allen vorhergehenden Menschenarten durch einen leichteren Körperbau, größere Mobilität und eine bis dahin unbekannte kognitive Flexibilität unterschied.

Anhand der Mitochondrien, die als winzige Kraftwerke der Zellen chemische Energie bereitstellen, eine eigene Erbsubstanz besitzen und nur von der Mutter an die Nachkommen weitergeleitet werden, glauben Evolutionsforscher um Peter Underhill von der Stanford Universität im kalifornischen Palo Alto (Oktober 2000) herausgefunden zu haben, dass die weibliche Vererbungslinie der heutigen Menschheit auf eine Frau (nach der Bibel Eva genannt) zurückzuführen ist, die vor 143 000 Jahren in Afrika lebte, ihr genetisches Profil über unzählige Generationen weltweit verbreitete und als Wurzel des Mitochondrienstammbaumes alle Menschen der Welt in einer einzigen mütterlichen Abstammungskette vereinigt. Durch eine Genanalyse, bei der Proben von 1062 Männern aus 21 geographischen Regionen der Erde untersucht wurden, gelangten dieselben Wissenschaftler zum Schluss, dass die auf dem gesamten Planeten vorherrschende Variation des männlichen Y-Chromosoms auch auf das Erbgut eines Mannes (nach dem Alten Testament Adam geheißen) zurückgeht, der vor rund 59 000 Jahren in Afrika geboren wurde. Somit erweist sich der genetische Urvater aller derzeitigen Menschen als ungefähr 84 000 Jahre jünger als die genetische Urmutter Eva, die in den Medien auch als „afrikanische Eva" oder „mitochondriale Eva" bezeichnet wird.

Wir alle sind die „Söhne von Adam" und die „Töchter von Eva", womit die Biologen nicht die biblischen Figuren meinen, sondern die Individuen des „Ur-Homo-sapiens", von denen sich alle heute lebenden Menschen ableiten.

Von Afrika aus breitete sich der anatomisch moderne Mensch vor rund 100 000 Jahre über die ganze Welt aus, wobei das Klima seine Wanderungen begünstigte. Große Eismassen auf der nördlichen Hemisphäre banden riesige Wassermengen und senkten den Meeresspiegel, wodurch Landverbindungen zwischen den Kontinenten entstanden. In den von ihm erwanderten neuen Gebieten musste der Homo sapiens sich zurechtfinden, was ein großes Anpassungsvermögen und eine starke Leidensfähigkeit voraussetzte, um alle Klimaschwankungen und Widrigkeiten der Eiszeit zu überstehen.

„Out of Africa"

Der erste Ausbruch des Homo sapiens aus Afrika endete vor rund 90 000 Jahren im Nahen Osten – vermutlich wegen des Zusammentreffens mit den Neandertalern, seinen steinzeitlichen Vettern und Rivalen, die ihn in seine afrikanische Urheimat zurückdrängten.

Ein erneuter Versuch vor 50 000 bis 65 000 Jahren gelang: Kaum mehr als 2000 Wagemutige dürften damals losmarschiert sein. Am Roten Meer setzten sie Richtung Osten über und drangen dann nach Indien und Australien vor.

Im Land der Beuteltiere verursachten die Neuankömmlinge eine ökologische Katastrophe, als sie Buschbrände entfachten, um auf dem anschließend wachsenden frischen Gras Tiere anzulocken und zu jagen. Vieles spricht dafür, dass die Artenvielfalt der australischen Urfauna ein Opfer dieser Feuerwalzen wurde, in denen z. B. die Megalania prisca, eine Raubechse von der Größe eines ausgewachsenen Nilkrokodils und mit dem Schlund eines Tyrannosaurus rex, das drei Meter hohe, „kurzgesichtige Känguru" Procoptodon goliath und der flugunfähige Zwei-Zentner-Laufvogel Genyornis newtoni mit großer Wahrscheinlichkeit untergingen.

Laut Genanalysen, die indische Biologen des Zentrums für Zellular- und Molekularbiologie in Hyderabad an zehn Mitgliedern der Stämme der Onge und Great Andamanese vorgenommen haben, erweisen sich die Bewohner der indischen Andamanen-Inseln als mögliche direkte Nachfahren der ersten modernen Menschen, die einst von Afrika in Richtung Asien zogen. Da diese Stämme seit Zehntausenden von Jahren auf dem abgelegenen Archipel in genetischer Isolation leben und sich ihre Gene demnach nicht verändert haben, sind diese Insulaner die idealen Testpersonen für genetische Untersuchungen. Laut Forschungsleiter Lalji Singh lässt sich die in jeder Zelle enthaltene und nur mütterlicherseits vererbte Mitochondrien-DNS der Inselbevölkerung bis auf eine „Ur-Eva" zurückverfolgen, die vor rund 150 000 Jahren in Afrika lebte und deren Nachfahren vor ungefähr 60 000 Jahren auf dem Seeweg nach Asien auswanderten. „Die Menschen auf den Andamanen sind wie ein Fenster in die Vergangenheit", erachtet Lalji Singh. „Sie halten den Schlüssel zur Herkunft der Asiaten in der Hand." Die indische Regierung wirkt Kontakten der Bewohner zur Außenwelt entgegen, um die Traditionen der Menschen dort zu bewahren und die Insulaner vor eingeschleppten Krankheiten zu schützen.

Erst vor rund 45 000 Jahren setzte sich der afrikanische Homo sapiens zum dritten Mal in Bewegung – und diesmal in Richtung Europa, wo er bereits vor 40 000 Jahren den Oberlauf der Donau erreichte, nachdem er vermutlich den Weg über Anatolien, den Balkan und danach durch die großen Flusstäler der Ebenen genommen hatte.

Vier von fünf Europäern stammen nachweislich noch von den Jägern und Sammlern ab, die sich vor 25 000 bis 40 000 Jahren aus dem Nahen Osten und Asien kommend in Europa ansiedelten. Nur 20 Prozent der europäischen Bevölkerung haben ihre Wurzeln in den neolithischen Ackerbauern aus der Jungsteinzeit, die sich vor knapp 10 000 Jahren im Mittelmeerraum niederließen.

Dieses Bild der europäischen Besiedlung durch den Homo sapiens ergibt sich aus einer genetischen Analyse von 1007 europäischen Männern, deren Resultate der Genforscher Giuseppe Passarino von der Stanford Universität im November 2000 vorlegte. In seiner Untersuchung kam er zu dem Ergebnis, dass 95 Prozent aller europäischen Männer von zehn Einwanderern aus dem Nahen Osten und Zentralasien abstammen. Diese Erkenntnis stimmt mit archäologischen Funden sowie Daten vom weiblichen Mitochondrien-Erbgut überein und bewirkt damit einen Brückenschlag zwischen den archäologischen Disziplinen und den Naturwissenschaften.

Mit solchen erstaunlichen Forschungsergebnissen warten zurzeit Molekularbiologen auf. Mit denselben Methoden, die für die Entschlüsselung

Clovis in New Mexico 1933: eine Gruppe von Archäologen begutachtet eine Fundstelle.
Der Ort Clovis wurde Namen gebend für die früheste Kulturperiode in Nordamerika

des menschlichen Genoms gebraucht werden, können sie die Entstehung der Urfamilien nachvollziehen und die Ausbreitungsroute des Homo sapiens über die Kontinente immer genauer bestimmen. Mit Erbgutdaten von verschiedenen Völkern der Welt füttern sie leistungsfähige Computer, die anhand einer speziellen Software aus kleinen Abweichungen der Gensequenzen die Wanderwege der Urzeitmenschen errechnen.

„Clovis First"

Kann man denn auch anhand der genetischen Variationen die Menschheitsgeschichte in Amerika rekonstruieren und herausfinden, wann die ersten Menschen in die Neue Welt gelangten und woher sie kamen?

Laut der bisherigen Lehrmeinung wanderten die ersten Amerikaner alle vor 12 000 bis 13 000 Jahren aus Sibirien über die damals trockene Beringstraße nach Alaska. Diese bislang gültige These baut auf sorgfältig gearbeiteten Steinwerkzeugen einer bestimmten Art auf, jenen blattförmigen Speerspitzen mit konkaver Basis, die nach der ersten Fundstätte in Blackwater Draw, einem kleinen Ort nahe der Stadt Clovis im Osten New Mexicos (1932-1937), Clovis-Spitzen genannt werden und in ganz Nordamerika ausgegraben wurden. Erst in den 1950er Jahren, als der Physiker und Chemiker Willard Frank Libby die Radiokarbon-Methode entwickelt hatte, konnte das genaue Alter dieser späteiszeitlichen Funde ermittelt werden. Die so genannte Clovis-Kultur bestand vor 11 200 bis

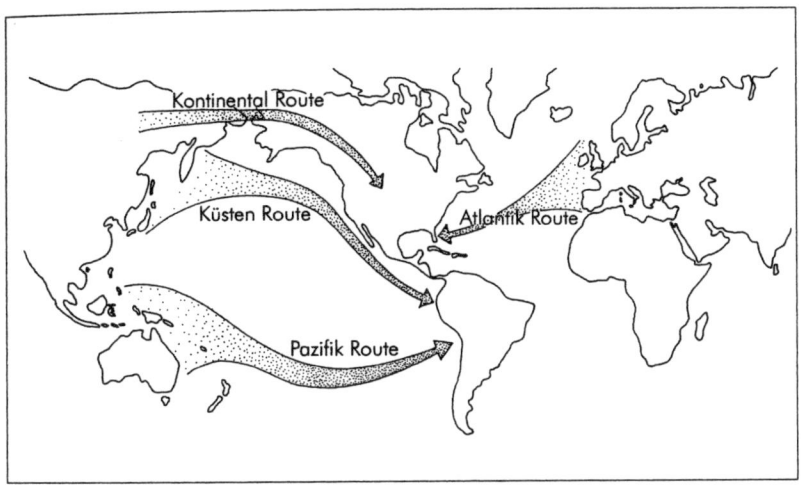

Die möglichen Routen der Erstbesiedelung Amerikas.

11 800 Jahren während eines knappen halben Jahrtausends. Da lange keine älteren Funde gemacht wurden, gab man sich dem Glauben hin, dass die Clovis-Menschen die ersten Amerikaner sein mussten. Zur Devise erkor man: „Clovis First". Daraus wurde ein regelrechtes Dogma, das die nordamerikanischen Archäologen gegen alle Angriffe unermüdlich verteidigten. So entwickelte sich die „Clovis First"-Theorie im Laufe der Jahrzehnte zum Allgemeingut und hielt Einzug in an Schulen und an Universitäten gebrauchten Lehrbüchern.

In diesem Denkmodell klaffen jedoch heute tiefe Risse, die sich derzeit drastisch vergrößern. Denn in den letzten Jahren nähren eine Reihe von neuen Fundstätten in Nord- und Südamerika die Vermutung, dass bereits lange vor dem Auftauchen der Clovis-Speerspitzen Menschen in der Neuen Welt heimisch waren. Dass der Homo sapiens Amerika früher als Europa betrat, ist in den Bereich des Möglichen gerückt. Dafür sprechen nicht nur jüngere Fundorte mit faszinierenden Artefakten, sondern auch neue genetische Erkenntnisse. Wie es scheint, muss die Geschichte des angeblich langen Marsches „out of Africa" umgeschrieben werden. In Wirklichkeit war er eher kurz.

DAS EINFALLTOR NACH AMERIKA

Als Asiaten in grauer Vorzeit
über die vereiste Beringstraße zogen

Die Fellkapuzen tief ins Gesicht gezogen stapften sie in ihren grob geschneiderten Pelzhosen und -jacken durch Schnee und Eis. Vor ihnen erstreckte sich eine weite, übersichtliche Fläche welliger, baumloser Ebenen, die am Horizont durch einzelne Hügelketten abgegrenzt wurden. Mit geübten Augen musterten sie die noch frischen Spuren der gigantischen Mammute und Mastodonten – urzeitliche Elefanten –, die kurz zuvor dieselbe Strecke entlang gezogen waren. Indem sie der Fährte der großen Säugetiere folgten, auf die sie bei günstiger Gelegenheit Jagd machten, marschierten sie ahnungslos über eine auf der ganzen Erde einzigartige kontinentale Landbrücke und drangen langsam in eine Neue Welt ein. Ihre Gruppe zählte vielleicht 30 bis 50 Männer, Frauen und Kinder, deren Vorfahren sich schon seit Generationen über die verschneite Tundra verbreitet und sich den äußerst rauen klimatischen Verhältnissen des hohen Nordens angepasst hatten.

Ihre Spuren sind längst verwischt

Sie wussten nicht, dass sie trockenen Fußes von einem Erdteil zum andern übergesetzt waren und einen fast menschenleeren Kontinent erreicht hatten, reich an Groß- und Raubwild, dem sie sich nur unter großen Gefahren nähern konnten: stattliche Elche, die an sumpfigen Seeufern grasten, Riesenfaultiere mit seltsam kleinen Köpfen und übergroßen Körpern;

Nordamerikanische Tundra-Landschaft mit Moschus-Ochsen

gewaltige Bisons mit wie Stoßzähne geformten Hörnern; ganze Herden von Moschusochsen, Karibus, Kamelen, Pekaris, Eselhasen, Pferden, Wollnashörnern; Säbelzahntiger, die ihre Opfer mit 20 Zentimeter langen oberen Eckzähnen zerfleischten; mächtige Panther, die zu den schrecklichsten Landraubtieren aller Zeiten gehörten; kräftige Wölfe mit Knochen zermalmenden Kinnbacken. Sie hatten richtig gefolgert, dass sie den kleinen und großen Tieren in wärmere Gebiete hinterher wandern müssten, um mehr jagdbares Wild und damit mehr Nahrung zu finden.

Aber sie waren vom Glück begünstigt. Um nicht vom ewigen Eis blockiert zu werden, mussten sie wie die vor ihnen ziehenden Herden eine Passage durch die gewaltigen Gletschermassen finden. Diesen eisfreien Korridor, an manchen Stellen nicht breiter als 40 Kilometer, gab es wirklich. So stand der Besitzergreifung der Neuen Welt nichts mehr im Weg: Der Mensch, grausamer als alle Raubtiere, machte die ersten Schritte ins Morgengrauen der amerikanischen Geschichte.

Dass Amerika von Mitgliedern einer namenlosen Horde sibirischer Jäger und Sammler betreten wurde, als diese während der Eiszeit die Beringstraße von Asien nach Alaska überquerten, wird heute nicht mehr bestritten. Dass sie die ersten und ältesten Amerikaner waren, wird zurzeit heftig angezweifelt. Auf jeden Fall waren es Menschen wie wir, die neugierig und

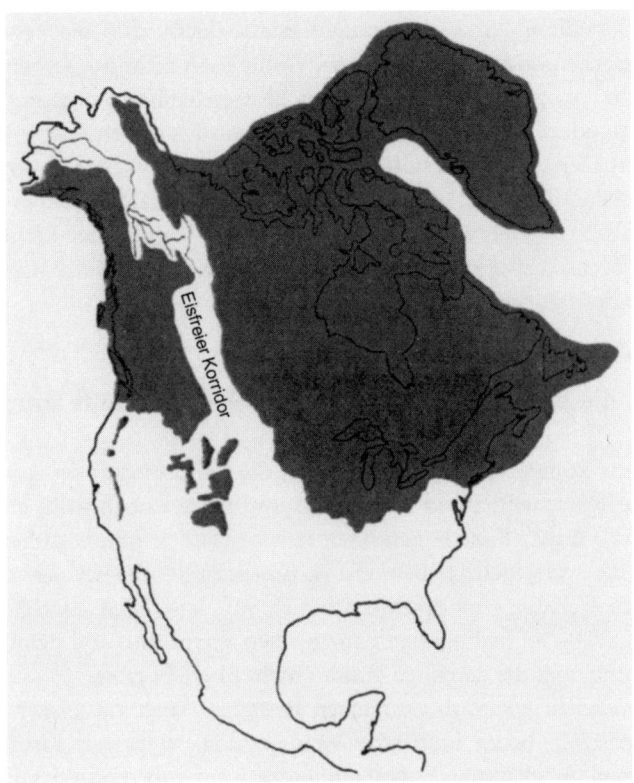

Karte des eisfreien Korridors, das Einfalltor für die Besiedlung Nordamerikas
über die Beringstraße

eroberungsfreudig mit Feuer, Waffen und Werkzeugen in ein unerschlossenes Land eindrangen. Innerhalb der letzten 40 000 Jahre waren die
Bedingungen nur zweimal günstig, um den amerikanischen Kontinent
zu Fuß zu erreichen: Das war vor 36 000 bis 32 000 Jahren und vor 28 000
bis 13 000 Jahren. Durch das Vordringen des Eises wurden von den
Gletschern ungeheure Wassermengen gebunden. Dadurch senkte sich der
Meeresspiegel der flachen Beringsee um mehr als 100 Meter. Infolge des
Absinkens der Wasseroberfläche wurde der ebene Boden des Bering-
meeres zu einer begehbaren Landbrücke zwischen zwei Erdteilen. Aller-
dings brachte die Öffnung dieses Wanderweges eine Verwandlung des
Meerwassers in riesige Kontinentalgletscher mit sich, die große Teile Nord-
amerikas in einen unpassierbaren Eispanzer hüllten und die Route nach
Süden abriegelten.

Zur Besiedlung Amerikas genügte es also nicht, dass die Landbrücke zwischen Asien und Alaska offen war. Wollte man nicht hoch oben im unwirtlichen Polargebiet für immer eingeschlossen bleiben, galt es, entlang der Westküste oder im Flusstal des Mackenzie von Eis unbehinderte Wege zu erkunden. Der 1600 Meter hohe, ununterbrochene Eiswall, der vom Pazifik bis zum Atlantik reichte, besaß aber nur vor 36 00 bis 32 000 Jahren und vor 28 000 bis 20 000 Jahren ein eisfreies Nadelöhr in südlicher Richtung, so dass der Mensch aller Wahrscheinlichkeit nach spätestens vor 20 000 Jahren über die Beringstraße in Amerika aufgetaucht sein muss.

Was die sibirischen Wanderer bei ihrer Ankunft antrafen

Frühestens konnte er vor 36 000 Jahren die Landbrücke von Asien nach Amerika überschritten und die von Eis und Wasser noch nicht blockierte Südpassage durch Kanada gefunden haben. Dass er schon vorher in der Neuen Welt erschien, haben die Wissenschaftler bisher als unwahrscheinlich erachtet, weil der Mensch sich vor dieser Zeit angeblich noch nicht an arktische Bedingungen anzupassen vermochte und demnach die Wanderung über die damalige Tundra nicht überlebt hätte.

Die vielleicht ersten menschlichen Besucher Amerikas folgten einfach ihrer tierischen Beute in frische Weidegründe, stolperten sozusagen in einen ihnen unbekannten Erdteil und entdeckten dort zu ihrem großen Erstaunen außerordentliche und ihnen völlig unbekannte Tiere. Sie waren erfahrene Jäger, die mit sorgfältig hergestellten Steinwaffen eher Kleinwild als dem Mammut und dem Bison nachstellten, die sie nur an Erfolg versprechenden Stellen angriffen oder in Fallgruben fingen.

Das urzeitliche Nordamerika hatte ein ganz anderes Klima und eine andere Vegetation als heute: „Was die ersten Amerikaner bei ihrer Ankunft vorfanden, würde unsereinem die Sprache verschlagen. Eisschollen im Norden, Gletscherkappen auf Gebirgen im Süden. Kühler war es. Und nässer. Doch seltsamerweise waren die Winter wohl wärmer als heute. Der Wald sah anders aus, anders verteilt waren die Baumarten, alles je nach den jeweiligen Umweltbedingungen. Üppig bewachsen die großen Ebenen. Selbst Tundren nahe der Eisgrenze waren, im Gegensatz zu heutigen Tundren hoher Breiten, reich an Vegetation." (Dean Snow)

Es ist bezeichnend, dass bis noch vor kurzem die Frage, ob die ersten Amerikaner aus Sibirien gekommen sind, überhaupt nicht mehr zur Diskussion stand – die meisten Forscher sahen das als absolut sicher an. Aber diese Sicherheit, die man in den dreißiger Jahren unseres Jahrhunderts gewonnen hatte – den allerersten Hinweis auf eine Einwanderung aus Asien gab wohl der Mönch José de Acosta im Jahr 1589 –, kam sozusagen durch eine indirekte Beweisführung zustande. Dadurch, dass alle anderen Theorien in den letzten Jahrzehnten als flach oder als unsinnig ausschieden. Was sagt uns der aktuelle Stand der Forschung? Weil bis zum Ende der letzten nordamerikanischen Eiszeit, der so genannten Wisconsin-Eiszeit vor ca. 80 000 bis 7000 Jahren, extreme Klimaschwankungen den damaligen Menschen zu schaffen machten, keinen Ackerbau und keine kulturelle Kontinuität erlaubten, sind aus der Zeit von vor 20 000 Jahren nur spärliche archäologische Spuren vorhanden, wie bearbeitete Steinwerkzeuge, Tierknochen, Feuerstellen und andere Zeichen früher menschlicher Existenz, die oft unter Schichten aus Jahrtausenden begraben sind.

Gene verraten Völkerwanderungen

Wo die Archäologen mit ihrem Latein am Ende sind, erhalten sie heute Schützenhilfe von den Molekulargenetikern, die mittlerweile über äußerst empfindliche Techniken verfügen, um genetische Veränderungen oder Mutationen bis in die Steinzeit zurückzuverfolgen, als die ersten Menschen nach langen entbehrungsreichen Fußmärschen oder Schiffsreisen bis nach Amerika gelangten.

Wie Spuren im Schnee sind diese Wanderzüge im Erbgut der Völker festgehalten, und wenn Molekularbiologen Erbgutvergleiche zwischen verschiedenen Völkerschaften anstellen, dann bestätigen diese häufig Details aus der Menschheitsgeschichte, auf die bereits Historiker und Archäologen gestoßen sind.

Bei der Analyse von Genproben interessieren sich die Wissenschaftler besonders für das nur von Männern vererbte Y-Chromosom und für die so genannte Mitochondrien-DNS, die ausschließlich über die mütterliche Linie an die Nachkommen weitergegeben wird.

Neben den für jeden Menschen individuell unterschiedlichen Informationen enthalten diese Erbanlagen auch Genabschnitte, die im Verlauf der Menschheitsgeschichte nur sehr selten mutiert sind und damit für weite Bevölkerungsgruppen in verschiedenen geographischen Regionen jeweils identisch sind.

Den Forschern geht es darum, anhand des Erbguts herauszufinden, wie stark sich diese genetischen „Marker" bei Menschen in unterschiedlichen Regionen der Erde unterscheiden. Je ähnlicher sie sind, desto näher sind sich die Träger im genetischen Stammbaum und desto kürzer ist die Zeit, vor der ihre Vorfahren noch an einem gemeinsamen Ort gelebt haben müssen. Auf diese Weise können die Wanderungen der Menschen von ihrem Ursprung in Afrika aus rekonstruiert werden. Dort, so glauben Phylogenetiker und Archäologen zu wissen, sei unsere Spezies Homo sapiens vor rund 200 000 Jahren entstanden, bevor sie vor ungefähr 100 000 Jahren auch auf andere Kontinente auszuwandern versuchte. Wissenschaftler haben bereits in groben Zügen die Wanderungsrouten der Menschen nachgezeichnet.

Die Forscher um Mark Seielstad von der Harvard Medical School in Cambridge (Massachusetts/USA) haben z. B. eine bestimmte Punktmutation auf dem männlichen Geschlechtschromosom für ihre Stammbaumrekonstruktion benutzt. Das Y-Chromosom wird immer nur in einer Kopie vom Vater an den Sohn weitergereicht und unterliegt nicht dem üblichen Mechanismus der Rekombination, der die anderen Chromosomen für die Stammbaumrekonstruktion unbrauchbar macht. Ähnlich günstige Bedingungen herrschen sonst nur beim Erbgut der Mitochondrien vor, das über die weibliche Linie der Eizellen vererbt wird. Die Mutation auf dem Y-Chromosom tauchte außerordentlich regelmäßig bei den amerikanischen Ureinwohnern auf. Aus Vergleichen mit 499 Populationen aus Eurasien schlossen die Wissenschaftler, dass sich die Mutation ungefähr zu der Zeit ereignet hatte, als die ersten Menschen ihren Fuß auf den Boden Amerikas setzten. Kann man die Mutation datieren, lässt sich auch der Besiedlungsbeginn festlegen.

Ein Problem ist aber allen Gen-Uhren gemeinsam: Um einen genauen Zeitpunkt zu bestimmen, brauchen sie wie für jede Chronologie einen gleichmäßigen Taktgeber. Die Annahme, dass die Mutationsrate immer und unter allen Umständen konstant geblieben ist und damit diesen Takt vorgeben kann, erweist sich jedoch als sehr umstritten. „Die Mutationsrate für verschiedene Positionen auf dem Y-Chromosom unterscheidet sich sehr, was die Zeitabschätzungen sehr ungenau, wenn nicht falsch macht", betonen die Forscher vom Molekulargenetiklabor des McDonald-Instituts für Archäologische Forschung in Cambridge. Auch bei der schon wesentlich länger genutzten Mitochondrien-DNS sind die Zweifel an der Mutationsrate keineswegs ganz ausgeräumt. Beim erst neuerdings verwendeten Y-Chromosom ist diese Schwachstelle noch viel ausgeprägter. Auch Mark Seielstad ist sich ihrer bewusst: „Es beginnt sich gerade unter den Experten eine Durchschnittsrate für das Y-Chromosom herauszukristallisieren, allerdings kann die Rate je nach Abschnitt stark variieren." Solche Variationen lassen die Zeitangabe durch die Y-Chromosomen-Uhr beträchtlich schwanken. Je nachdem wie Mutationsrate und Generationenlänge variieren, datiert die Gen-Uhr die Ankunft der indianischen Ahnen in Amerika auf einen Zeitraum, der von vor 8 900 bis 37 400 Jahren reicht, womit die Aussagekraft der neuen genetischen Uhr stark begrenzt ist – zumindest vorerst.

Dennoch wird die Suche nach solchen Mutationen als sinnvoll eingeschätzt. „Es handelt sich um einen Marker, der die Verwandtschaftsbeziehungen zwischen Amerikanern und ihren asiatischen Vorfahren im Prinzip erhellen kann", räumen auch kritische Forscher ein. Eine genauere Datierung ist jedoch erst möglich, wenn der Taktgeber der Uhr geeicht ist – und daran mangelt es zurzeit noch.

Genetik entlarvt den Urvater der Amerikaner

Dass mindestens 85 Prozent aller ursprünglichen Südamerikaner und fast die Hälfte aller Indianer Nordamerikas von einem einzigen Mann abstammen würden, schließt Nestor Bianchi vom Instituto Multidisciplinario de Biologia Celular im argentinischen La Plata aus seiner Untersuchung des Y-Chromosoms bei heutigen Bewohnern des Doppelkontinents.

Für den Forscher ergibt sich daraus, dass die Vorfahren der meisten amerikanischen Ureinwohner in einer einzigen Einwanderungswelle vor wahrscheinlich 22 500 Jahren über die damals zugefrorene Beringstraße nach Nordamerika vordrangen und dass nur ein einziger Mann aus dieser Gruppe – oder ein einzelner Nachkomme der ursprünglichen Einwanderer – zum Urahn der meisten Amerikaner wurde.

Andrew Bergen vom amerikanischen National Cancer Institute (NCI) will jedoch in einer Minderheit von amerikanischen Ureinwohnern eine zweite Variante des Y-Chromosoms aufgespürt haben, woraus er ableitet, dass zumindest ein Rivale ebenfalls maßgeblich das Erbgut der Amerikaner mitgeprägt hat.

Diese genetischen Ergebnisse stimmen recht gut mit Ausgrabungen und Sprachanalysen überein, laut denen mindestens zwei Einwanderungsschübe die Neue Welt erreicht hatten, bevor in jüngerer Vergangenheit die Eskimos als Letzte den hohen Norden Amerikas besiedelten.

Fabricio Santos von der Bundesuniversität im brasilianischen Minas Gerais und Tatyana Karafet von der Universität von Arizona in Tucson sind inzwischen der Auffassung, dass sie die geographische Herkunft der ursprünglichen Einwanderer lokalisieren können: Eine Gruppe sei aus dem Yenisey-Becken und die andere aus dem Altai-Gebirge in Zentralsibirien gekommen.

„Sieben Frauen zogen mit im Urtreck"

Grundlage für Erbgutvergleiche sind Mutationen, bleibende Erbgut-Veränderungen, die exklusiv in einer Gruppe von Menschen auftreten und sich in der betreffenden Bevölkerung ausbreiten. Wie rote Fäden ziehen sich solche Mutationen durch hunderte von Generationen bis zur Gegenwart und zeigen Verwandtschaften zwischen räumlich oft weit entfernten Völkern. Wie wir schon gesehen haben, sind es zwei Besonderheiten, das nur vom Vater an den Sohn vererbte Y-Chromosom und die immer von der Mutter stammende Mitochondrien-DNS, die es uns gestatten, bis zu einem gewissen Grad Unterschiede in der Menschheitsgeschichte von Männern und Frauen zu erkennen.

In der Tat werden einige Erbanlagen nur von der Mutter an ihre Nachkommen, andere nur vom Vater zum Sohn weitergegeben. Nur Söhne erhalten vom Vater das Y-Chromosom, denn Frauen haben kein Y-Chromosom. Die Mutter hingegen gibt an Töchter und Söhne die so genannten Mitochondrien weiter, aus denen die Zellen ihre Energie gewinnen. Diese „Minikraftwerke" tragen eigenes Erbgut, das daher bei allen Menschen die mütterliche Herkunft verrät.

„Das Schöne an dieser DNS ist, dass sie nur von der Mutter aufs Kind übertragen wird", erklärt der Hamburger Genforscher Peter Forster, der das bislang detaillierteste Szenario über die prähistorische Besiedelung Amerikas vorgelegt hat. „Es gibt also keine Vermischung mit dem väterlichen Erbgut. Wir vergleichen dabei eine bestimmte Gensequenz, von der die Mutationsgeschwindigkeit bekannt ist. Das ist unser Taktgeber für die molekulare Uhr, mit der wir das genetische Auseinanderdriften der Bevölkerung über Jahrtausende zurückverfolgen können. Mit unserer Methode lassen sich sieben Mitochondrien-Varianten als genetische Ur-Codes rekonstruieren. Bei der Überquerung der Beringstraße müssen also mindestens sieben Frauen dabei gewesen sein. Noch heute, 20 000 Jahre nach dem Eroberungszug, lassen sich diese Gründervarianten bei allen amerikanischen Ureinwohnern nachweisen. Wir haben auch DNS-Material berücksichtigt, das von Mumien aus der Aztekenzeit stammt. Dort finden sich dieselben Merkmale im Erbgut."

Den Einwand, damals habe im Norden Asiens und Amerikas bittere Kälte geherrscht, und die vorgeschichtlichen Immigranten seien vielleicht außerstande gewesen, Permafrostwüsten zu durchqueren, lässt Genetiker Forster nicht gelten: „Beringia, das Gebiet um die Beringstraße, blieb auch auf dem Höhepunkt der letzten Eiszeit gletscherfrei. Bereits vor rund 40 000 Jahren haben sich in Nordsibirien die ersten paläolithischen Jäger und Sammler breit gemacht, 10 000 Jahre früher als bislang angenommen."

Die ersten Menschen, die spätestens vor 20 000 Jahren, vielleicht aber auch viel früher die 1500 Kilometer breite, gänzlich vereiste Landbrücke zwischen Sibirien und Alaska trockenen Fußes überquerten, als der Meeresspiegel um maximal 140 Meter abgesunken war, gehörten aller Wahrscheinlichkeit nach einer sehr kleinen Bevölkerungsgruppe an, wohl kaum mehr als 1000 Männer und Frauen, die in einen fast menschenleeren, 42 Millionen Quadratkilometer großen Erdteil eindrangen.

Sowohl diese erste Gruppe als auch nachfolgende Horden von Jägern und Sammlern müssen in den neuen Kontinent eingewandert sein, bevor ein quer durchs heutige Kanada verlaufender Eispanzer den Weg nach Süden verschloss, was Genforscher Forster nachdrücklich bejaht: „Während der letzten Eiszeit vor 18 000 Jahren waren die Gletscher zwischen den Rocky Mountains und dem Westen Kanadas zu einer einzigen unüberwindlichen Barriere verschmolzen. Die hätte kein paläolithischer Wanderer überwinden können. Doch in der Zeit davor gab es noch einen Durchgang. Die entscheidende Frage ist: Sind Steinzeit-Siedler durch diesen eisfreien Korridor geschlüpft, bevor er sich für Jahrtausende schloss? Unser genetisches Material spricht klar dafür."

Forsters genetische Erkenntnisse werden durch einen archäologischen Fund in Ostsibirien erhärtet, laut dem Steinzeitjäger bereits vor etwa 30 000 Jahren in dem in 70 Grad nördlicher Breite gelegenen Jana-Flusstal ihr Lager aufgeschlagen hatten. 31 000 Jahre alt sind die mehrere Hundert Steinspitzen und einige Schäfte von Speeren, die die russischen Forscher um Vladimir Pitulko dort ausgruben. Diese Stätte ist 16 000 Jahre älter als die bisher bekannten ältesten arktischen Siedlungen, wie Vladimir Pitulko von der Russischen Akademie der Wissenschaften im Fachmagazin „Science" (Januar 2004) zu berichten weiß. Bislang war man davon ausgegangen, dass die Arktis frühestens vor 22 000 Jahren besiedelt worden war. Die neue Entdeckung fachte die Diskussion um den Zeitpunkt der Besiedelung Amerikas von Sibirien aus erneut an. Demnach könnten die ersten Siedler schon sehr früh über die Beringlandbrücke in die Neue Welt gelangt und in der Lage gewesen sein, bereits vor dem Höhepunkt der letzten Eiszeit sich gegenüber den lebensfeindlichen Bedingungen des hohen Nordens zu behaupten, was die Forscher in Erstaunen versetzte. Unterstützt wird diese Vermutung auch durch die frappierende Ähnlichkeit der aus Mammutzähnen und Rhinozeroshorn gefertigten Speerschäfte vom Jana-Fluss mit den Artefakten der Clovis-Indianer aus amerikanischen Fundstätten.

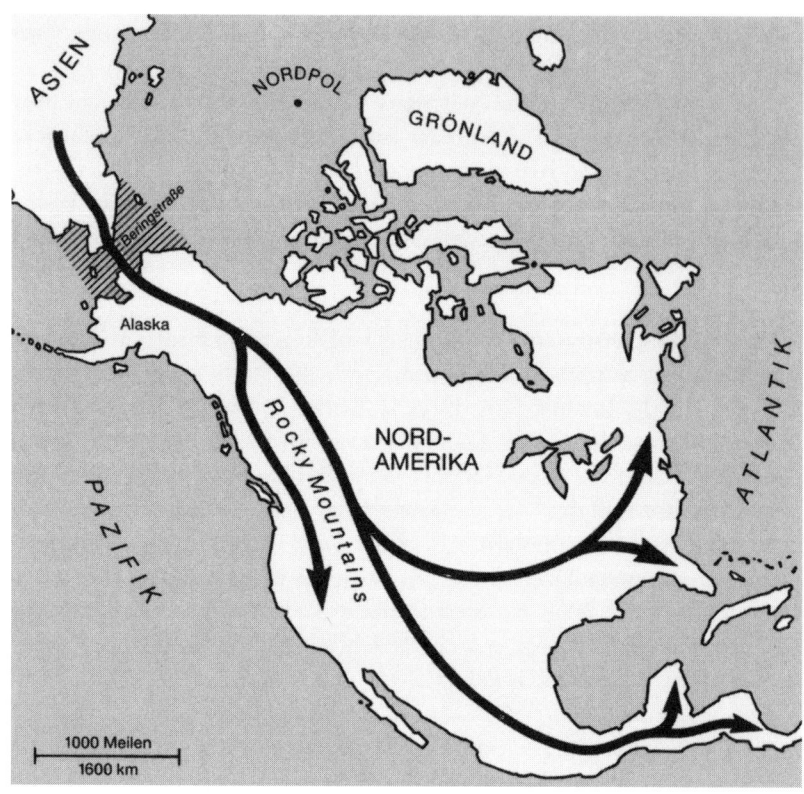

Karte mit den Einwanderungsrouten der sibirischen Jäger nach Nordamerika über die Beringstraße

Schubweise drangen Siedlungstrupps nach Süden vor

Die ersten Gruppen von Siedlern, die noch durch das eisfreie Nadelöhr nach Süden vorstoßen konnten, das vermutlich entlang der Küste oder parallel zur östlichen Grenze der Rocky Mountains verlief, gehörten einer gemeinsamen Sprachgruppe an, die Joseph Greenberg, Ursprachen-forscher an der Stanford University, Amerind taufte. Schon 1986 war ihm bewusst geworden, dass fast alle Indianerstämme südlich von Kanada zu dieser Sprachgruppe zählen, so dass er zu der Schlussfolgerung kam, diese Völker müssten von den ersten Immigrantenwellen abstammen. Die Amerind-Sprachgruppierung besteht laut dem Linguisten Greenberg aus annähernd 1000 teils gesprochenen, teils ausgestorbenen Sprachen, die alle trotz großer Unterschiede genügend Ähnlichkeiten aufweisen, um von einer gemeinsamen Proto-Sprache abstammen zu können. Seine Mutmaßung, dass das Proto-Amerind die Sprache der Clovis-Kultur war, scheint durchaus schlüssig.

Zu neuen Einwanderungsschüben kam es erst, als die unüberwindliche Eisbarriere, die den Weg nach Süden blockierte, aufzutauen begann. Dann strömten zwei weitere Wellen von vorgeschichtlichen Eroberern im Schlepptau des Tauwetters ins Innere des neuen Erdteils. Dabei handelte es sich um zwei weitere Sprachgruppen, Na-Dene (40 Sprachen) und Eskimo-Aleut (10 Sprachen), die sich auch genetisch sehr deutlich von den ersten voreiszeitlichen Siedlungstrupps der Amerind unterscheiden. Dass ihre genetische Vielfalt jedoch nur halb so groß ist wie die der Amerind, erklärt der Molekulargenetiker Peter Forster wie folgt: „Na-Dene und Eskimos müssen erst wesentlich später nach Amerika eingewandert sein. Der molekularen Uhr zufolge setzte diese zweite Immigrantenwelle vor 11 400 Jahren ein. Na-Dene und Eskimos machten sich erst auf den Weg, als die Gletscher wieder abschmolzen. – Man kann sich die damaligen Klima-veränderungen gar nicht dramatisch genug vorstellen. 1993 ist man nach Auswertung von grönländischen Eisbohrkernen zu dem überraschenden Befund gelangt, dass die Eiszeit nicht langsam ausklang, sondern sich mit einem Paukenschlag verabschiedete. Vor rund 11 400 Jahren stiegen die Temperaturen innerhalb eines Jahrzehnts um mehrere Grad an. Ergebnis: Die kanadische Eisbarriere schmolz ab und machte den Weg Richtung Süden frei. Weite Teile Beringias versanken im Wasser."

Die Frage, ob die Na-Dene und Eskimos demnach Flöße oder Kajaks benutzt haben müssen, um die überschwemmte Beringstraße von Asien nach Amerika zu überqueren, verneint Forster: „Das war nicht nötig. Bei den Na-Dene finden sich vornehmlich amerikanische, aber auch einige zu-sätzliche sibirische Mitochondrien-Varianten. Daraus schließen wir, dass diese Siedler bereits in Alaska lebten, ehe sie sich auszubreiten begannen. Streng genommen handelt es sich um eine Re-Expansion der bis dahin abgeschotteten Restbevölkerung Beringias."

Die nacheiszeitlichen Ankömmlinge sind allerdings nicht weit ins Innere des amerikanischen Kontinents vorgestoßen. Die Na-Dene drangen nach Kanada vor, wo die Amerind, die sich dort bereits niedergelassen hatten, sie vermutlich zurückzudrängen versuchten, so dass ihr Vormarsch ins Stocken geriet. Erst viel später, vor ungefähr 1000 Jahren, sind einige Stämme der Na-Dene, zu denen die Apachen und die Navahos zählen, in Richtung Neu-mexiko aufgebrochen, wo sie in unwirtlichen Wüstengegenden heimisch wurden.

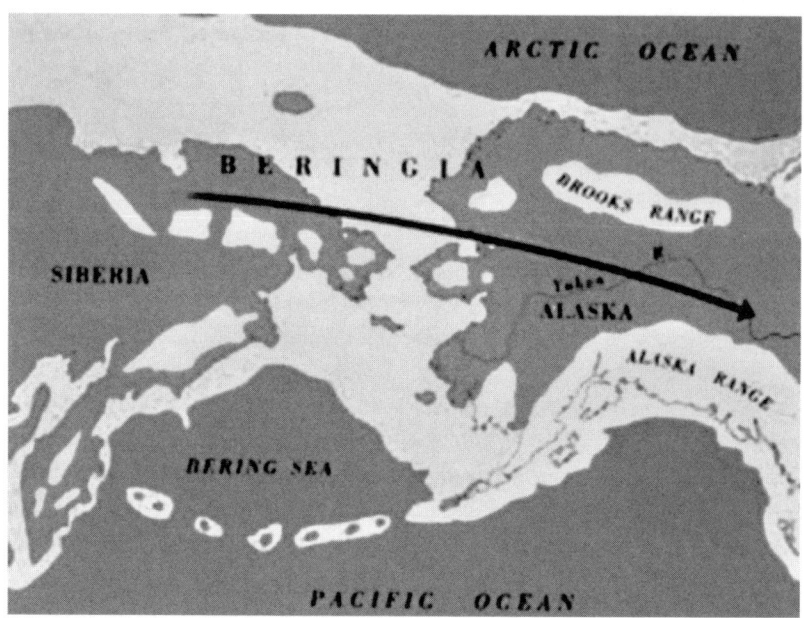

Karte des Nordpolargebietes zur Eiszeit mit „Beringia", der Landbrücke zwischen Asien und Amerika

Als Letzte kamen die Eskimos

Die Eskimos bildeten wahrscheinlich die Nachhut der urzeitlichen asiatischen Völkerwanderung, die die Beringstraße als Einfalltor nach Amerika benutzte. Sie breiteten sich entlang der Küsten bis nach Grönland aus. Sie zogen also nicht weiter nach Süden in ein wärmeres Umfeld, sondern erkoren das kalte und trostlose Land um den Nordpol zu ihrer neuen Heimat.

Mit ihren „Kayak"- und „Umyak"-Booten, die an Leichtheit und Seetüchtigkeit nicht zu überbieten sind, sollen sie sogar Entdeckungsfahrten in Richtung Europa unternommen und bereits um 100 n. Chr. dort Handelsbeziehungen geknüpft haben. Während ihrer mehr als zweitausendjährigen Geschichte gelang es ihnen, sich vollkommen an ein Klima anzupassen, in dem andere Menschen nicht die geringste Überlebenschance gehabt hätten. Warum die Eskimos ihr nördliches eiserstarrtes Biotop „von erschreckender Nacktheit, abgeschabt, abgewetzt, abgeschliffen von ewigen Stürmen" (Roger Frison-Roche) nicht verließen, sondern in der kalten Finsternis verharrten, entzieht sich unserer Kenntnis. Vielleicht haben nördliche Indianerstämme, wie die Chippewas und die Crees, es nicht

30

zugelassen, dass sie tiefer in den amerikanischen Kontinent einwanderten.

In drei Wellen drangen also mongolide Steinzeitvölker aus Sibirien nach Amerika vor, die Amerind während der letzten Eiszeit und die Na-Dene und die Eskimos danach. Was die Linguisten schon lange vermuteten, hat nun durch die Genforschung seine Bestätigung gefunden.

Seit 9000 Jahren besiedelt

In diesen Zusammenhang passt der Hinweis auf die wenig bekannte Tatsache, dass die Inselkette der Aleuten, die die Brücke zwischen Asien und Nordamerika bildet, seit 9000 Jahren bewohnt ist und auf eine wechselreiche Geschichte zurückblicken kann. Die 200 vulkanischen Inseln, die sich über 2000 Kilometer erstrecken und zu einem der größten Archipele der Welt gehören, trennen den Nordpazifik von der Beringsee, die über die Beringstraße mit dem Arktischen Ozean verbunden ist. Hier herrscht ein subarktisches Klima mit viel Wind, Nebel und Regen und mittleren Temperaturen von 2 bis 5 Grad Celsius. Auf der Inselkette leben zurzeit 8000 Menschen, von denen 2200 Ureinwohner sind. Sie werden meist „Aleuten" genannt, obwohl sie sich selbst als Unangan oder Unangas bezeichnen.

„Warum", so fragt Barbara Svarny Carlson aus Unalaska, der größten Aleuten-Gemeinde auf der gleichnamigen Insel, „sollen wir diesen fremden Namen ‚Aleuten' tragen?" Die Eingeborenen erhielten ihn von russischen Zuwanderern, die im 18. Jahrhundert den „Entdeckern" Vitus Bering und Alexej Chirikov folgten. „Es gibt keine ‚Aleuten'. Wir nennen uns Unangan oder Unangas. Das ist unser Name für uns, unsere Gruppenidentität für die Ureinwohnervölker des Aleuten-Archipels", vermerkt Barbara Svarny Carlson.

Als Bering und Chirikov die Inselkette „entdeckten", war diese schon seit Jahrtausenden besiedelt. Mehrer zehntausend Jahre vor unserer Zeitrechnung waren sibirische Nomaden über die Beringbrücke von Asien nach Amerika gewandert. Die Inseln sind nach Angaben der Ureinwohnerorganisation „Aleut International Association" (AIA) seit mindestens 9000 Jahren permanent bewohnt. Geschätzt wird, dass zwischen 12 000 und 25 000 Unangan auf den Inseln lebten, als es im 18. Jahrhundert zum Kontakt mit russischen Pelzhändlern kam.

Weil die „Aleuten" erfolgreiche Jäger und Fischer waren, wurden viele versklavt und auf unbewohnte Inseln gebracht, um für die Russen Pelztiere zu erlegen. Hunger und Epidemien setzten ihnen zu und dezimierten ihre Zahl auf wenige tausend.

Die russisch-orthodoxe Kirche missionierte die „Aleuten". Eheschließungen über ethnische Grenzen hinweg führten zu einer Vermischung von Russen und Unangan, wofür russische Namen in Alaska ein Beweis sind.

1867 verkaufte Russland Alaska mit den Aleuten-Inseln an die Vereinigten Staaten. 1942 griffen die Japaner Dutch Harbour auf der Insel Unalaska an und besetzten einen Bereich der Inselkette. Eine große Anzahl von „Aleuten" wurden umgesiedelt, von denen ein Teil nach dem Zweiten Weltkrieg zurückkehrte, die meisten jedoch über die USA verstreut wurden.

Die Aleuten-Inseln gehören überwiegend zum US-Bundesstaat Alaska, ebenso die etwas weiter nördlich liegenden Pribilof-Inseln. Nur die so genannten Kommandeur-Inseln am Westende der Aleuten sind russisches Hoheitsgebiet und hängen vom Bezirk Kamtschatka ab.

Organisiert sind die Ureinwohner der Aleuten in der AIA. Deren Gründung 1998 war der erste Versuch der Eingeborenen, über die Staatsgrenzen hinweg beim Schutz der Naturressourcen und der Sicherung ihrer Kultur und ihres traditionellen Lebensstils zusammenzuarbeiten. Mittlerweile hat die AIA ebenso wie die Interessenvertretungen der Inuit (Eskimos), der skandinavischen Sami und der Ureinwohnervölker Sibiriens Teilnehmerstatus bei den Sitzungen des Arktischen Rats, eines Gremiums der acht Arktis-Anrainerstaaten.

Die Unangan sind mit den Inuit verwandt, sprechen aber ihre eigene Sprache („Unangam Tunuu") und entwickelten hoch im Norden eine eigenständige Kultur. Nach Darstellung der bereits zitierten Barbara Svarny Carlson sind die „Aleuten" eigentlich drei verschiedene maritime Völker mit eigenen Identitäten und sind in Stämme untergliedert. Auf der Insel Unalaska wohnen z. B. die Qawalangin, die offiziell 615 Mitglieder zählen, von denen aber nur 300 auf dem Eiland ansässig sind. „Wir leben hier seit bald 10 000 Jahren und haben noch immer eine lebensfähige Kultur." Stolz und Drang zur Selbstbestimmung schwingen mit in den Worten von Sharon Livingston, der Umweltbeauftragten der Qawalangin, die mit Argusaugen ihr Ökosystem behüten, das für seinen Reichtum an Fischen und Meeressäugetieren wie Seeotter und Seelöwen bekannt ist.

Wanderer der Küste

Die bald 10 000-jährige Besiedlung der Aleuten-Inselkette beweist, dass schon in vorgeschichtlichen Zeiten die aus Asien nach Amerika wandernden Jäger und Sammler nicht nur aufs Festland fixiert waren, sondern auch die Küsten im Auge behielten, denn die frühen modernen Menschen waren offenkundig geschickt in der Küstenschifffahrt.

Da bis vor 13 000 Jahren Gletscher das Innere Nordamerikas abriegelten und jahrtausendelang den Weg nach Süden übers Land blockierten, ist es ohne Weiteres denkbar, dass die ersten Amerikaner eine Route längs der Pazifikküste nahmen, wo es mehr gletscherfreie Landungsmöglichkeiten gab als an der nordatlantischen Eisdecke entlang, in Kanus oder Kajaks in der ganzen Länge des Ufers fuhren, Flussmündungen überbrückten und Inseln als Stützpunkte nutzten. Da damals das Meeresniveau tiefer war, müssen die meisten ihrer Lagerstätten an der Küste seit dem Ende der Eiszeit unter Wasser liegen.

Hieraus ergibt sich, dass damals die Küstenlinien anders als heute verliefen. Die amerikanischen Atlantikgestade waren mehrere hundert Kilometer weiter draußen angesiedelt, wohingegen das Pazifikufer dem heutigen Küstenverlauf nur etwa 50 Kilometer vorgelagert war.

Der Paläontologe Timothy Heaton von der Universität South Dakota vermutet, dass sibirische Nomaden sich vorsichtig in ihren Booten an den pazifischen Gestaden vorwärts tasteten und als Küstenwanderer den neuen Kontinent erreichten. Seit Jahren verbringt der Forscher die Sommermonate auf abgelegenen Inseln vor der Küste Alaskas, wo er systematisch in versteckten Höhlen nach den Spuren der ersten Indianer sucht, indem er auf dem Bauch durch niedrige Gänge robbt und durch Pfützen und Schlamm kriecht. „Es ist eine Drecksarbeit", empört sich der Wissenschaftler, „aber die Erforschung der Uramerikaner war noch nie so spannend."

Die „Drecksarbeit" scheint sich aber zu lohnen, denn seine Höhlenexpeditionen haben bereits erste Ergebnisse gezeitigt. Die von Heaton aus den Sedimenten der Höhlen geborgenen Überreste von Bären, Karibus, Lemmingen und Pflanzen belegen ganz eindeutig, dass die Alaskaküste während der letzten 40 000 Jahre eisfrei war, was seine Mutmaßung ganz plausibel erscheinen lässt: „Wo sich Pflanzen, Bären und Karibus wohl fühlen, können auch Menschen überleben."

Für die Küstenbesiedlungstheorie spricht auch, dass die Fahrt auf dem Wasserweg mit Booten entlang des pazifischen Meeresufers weitaus schneller und angenehmer war als der mühselige Marsch zu Land durch Gebirge und Steppen, Urwälder, Wüsten und Sümpfe.

„Krank wie räudige Hunde"

Dass die Zuwanderer aus Asien unter zahlreichen heimtückischen Parasiten litten, die sogar bis zum heutigen Tag nicht ausgerottet sind, verblüffte viele Ethnologen, die bislang der Überzeugung waren, die Ureinwohner Amerikas hätten bei ihrer Ankunft paradiesische Zustände angetroffen. In der Tat gingen die Völkerkundler von der Voraussetzung aus, bei ihrem Treck über die Beringstraße hätten sich die Vorfahren der heutigen Indianer bis auf den Madenwurm Enterobius, der zu dem Darmleiden Enterobiasis führt, aller anderen Schmarotzer entledigt. Ihre These vom Kältetod der Parasiten hat sich aber inzwischen als falsch erwiesen wie auch die Annahme, optimal erscheinende Lebensbedingungen mit reichen Fisch- und Jagdgründen und gesicherter Trinkwasserversorgung durch reine Bergflüsse hätten den Nomaden der Steinzeit im Einwanderungsland Amerika eine überdurchschnittliche Lebenserwartung bescheren müssen.

„Die Ergebnisse paläopathologischer Untersuchungen", erklärt der amerikanische Parasitologe Karl Reinhard von der University of Nebraska, „liefern den Beweis, dass mindestens sechzehn Arten von Parasiten die Gesundheit der prähistorischen Jäger und Sammler bedrohten, von denen viele so krank waren wie räudige Hunde." Dabei glaubt der Forscher fest daran, dass elf der Parasitenarten ihren Ursprung in der Neuen Welt nahmen. Zu den Schmarotzern, die den Zugewanderten das Leben schwer machten, gehörten neben einzelligen Urtierchen zahlreiche Wurmarten.

So entdeckten Mediziner und Biologen bei der Untersuchung mumifizierter Seehundjäger in Alaska zu ihrer Überraschung Spuren ganzer Armeen von winzigen Fadenwürmern, die sich im Muskelgewebe ausbreiteten und dann bei den Betroffenen Herzversagen auslösten. Nicht besser erging es den vom Haken- oder auch vom Peitschenwurm (Trichuris trichiura) befallenen Opfern, bei denen sich dieser Schmarotzer mit zwei scharfen Krallen, die wie Enterhaken eingesetzt wurden, in der Darmschleimhaut verankerte, aus verletzten Kapillaren gierig Blut schlürfte und Durchfälle mit Blutbeimengung, Bauchschmerzen und Gewichtsverlust, schwere Blutarmut und schließlich tödliche Herzerkrankungen verursachte.

Bei der Analyse hart getrockneter Human-Fäkalien, so genannter Kotsteine, die sich in den ehemaligen Siedlungsräumen der Anasazi-Indianer in den heutigen US-Bundesstaaten Arizona und New Mexico fanden, stießen die Wissenschaftler auf die winzigen mumifizierten Larven und Eier von Spul-, Band- und Madenwürmern, die mit ihren giftigen und ätzenden Ausscheidungen bei ihren menschlichen Wirten Unwohlsein,

Schwindelzustände und sogar Wahnvorstellungen hervorriefen. Nachgewiesen wurden auch Reste von Drahtwürmern, die bei den Betroffenen derart riesige Löcher in die Darmwände fraßen, dass Essensrückstände in die Bauchhöhle gelangten, wo sie verfaulten und den Körper verseuchten.

Eine Lebenserwartung von 25 Jahren

Als Kulturhistoriker und Anthropologen, Mediziner und Biologen die erhaltenen Überreste von 7000 Jahre alten Mumien aus der Atacama-Wüste im archäologischen Museum San Miguel der chilenischen Universität Tarapacá untersuchten, gelangten sie zu erstaunlichen Erkenntnissen. Die Chinchirro, die vor 7000 Jahren an der Pazifikküste des heutigen Chile ihren Lebensunterhalt durch Fischfang bestritten und mindestens 2000 Jahre vor den alten Ägyptern eine beachtliche Mumifizierungstechnik entwickelt hatten, besaßen eine durchschnittliche Lebenserwartung von lediglich 25 Jahren, hauptsächlich bedingt durch eine schreckliche Kindersterblichkeit und chronische Infektionskrankheiten, die z. B. bei 20 Prozent der Mütter und Mädchen ein rätselhaftes Knochenleiden verursachten, zu dessen Folgen eine Zersplitterung der Beinknochen zählte. Die damaligen Anrainer der Atacama-Wüste litten auch unter einem Schädling, der bis heute noch nicht ausgerottet werden konnte, dem Einzeller Trypanosoma cruzi, der die gefürchtete Chagas-Krankheit überträgt, die zu Herz-Kreislauf-Versagen und Meningoenzephalitis (Hirnhaut- und Rückenmarkentzündung) führen kann.

Als der US-Parasitologe Karl Reinhard im Frühjahr 1998 eine circa 1000 Jahre alte Mumie studierte, die ein texanischer Rancher an der Grenze zwischen den Vereinigten Staaten und Mexiko in der Chihuahua-Wüste aufgespürt hatte, erregte der geschwollene Bauch des verstorbenen Mannes sein Interesse. Das Gedärm, das so geweitet war, als ob der Krieger bei seinem Ableben schwanger gewesen sei, barg mehr als zwei Pfund mumifizierter Fäkalien, was nur einen Schluss zuließ: „Der Mann konnte sich nicht mehr entleeren und muss unter unsäglichen Qualen zugrunde gegangen sein", stellte Reinhard fest, der hier auf die Leiden eines speziellen Typs von Chagas-Erkrankten hinweist, bei denen der Erreger die für eine regelmäßige Peristaltik verantwortlichen Nervenzellen angreift und schließlich lahm legt.

Wann waren die Indianer am gesündesten?

Eine kürzlich durchgeführte Studie widerspricht der landläufigen Meinung, dass die Ureinwohner Amerikas zur Zeit der Ankunft des Kolumbus und anderer europäischer Eindringlinge keine Seuchen kannten und gesundheitlich in bester Verfassung waren. Der Untersuchung zufolge litten die Indianer schon einige Jahrhunderte vor dem Eintreffen der weißen Landräuber aus der Alten Welt unter Infektionskrankheiten, Unter- und Fehlernährung sowie anderen Ursachen körperlicher Schwäche.

Die Autoren der Studie bestreiten keineswegs, dass die Ureinwohner Nord- und Südamerikas schwere Verluste erlitten, weil sie sich der aus Europa eingeschleppten Bakterien und Viren nicht erwehren konnten. Besonders viele Opfer forderten die Erreger von Pocken, Masern, Malaria und Gelbfieber. Doch die Begutachtung von 12 500 indianischen Skeletten an 65 Fundstätten auf beiden Seiten des Doppelkontinents gibt Aufschluss darüber, dass sich der Gesundheitszustand von Amerikas Indianern schon rund 1000 Jahre vor Kolumbus langsam zu verschlechtern begann.

Details der Untersuchung sind im 2002 erschienenen Sachbuch „The Backbone of History: Health and Nutrition in the Western Hemisphere" beschrieben. Seine federführenden Autoren sind der Anthropologe Richard Steckel von der Staatlichen Universität Ohios und sein Kollege Jerome Rose von der Universität von Arkansas. Außer ihnen beteiligten sich mehr als 50 Wissenschaftler an der Studie.

Die Autoren entdeckten an überraschend vielen Indianerskeletten Spuren von Gelenk- und Zahnproblemen, Wachstumsstörungen, Anämie, Infektionen und Traumata durch Verletzungen und Gewalteinwirkungen. Selbst unter den besten Voraussetzungen, das heißt in kleinen Gruppen von Jägern und Sammlern, wurden Indianer nur sehr selten 50 Jahre alt. Vielmehr lag das Durchschnittsalter der Ureinwohner Nord- und Südamerikas bei etwa 35 Jahren. Die Überreste der gesündesten Indianer, die die Forscher an der Küste Brasiliens fanden, datierten sie auf etwa 1200 Jahre vor Kolumbus.

Die bald danach einsetzenden gesundheitlichen Probleme von Amerikas Ureinwohnern führen die Autoren der Studie vor allem auf die Auswirkungen von Landwirtschaft und Städtebildung zurück. Der Anbau von Nutzpflanzen habe ganz langsam vor etwa 5000 Jahren in Süd- und Zentralamerika begonnen und die ersten städtischen Siedlungen seien auch dort vor rund 4000 Jahren entstanden.

Somit erfreuten sich zahlenmäßig nur wenige Indianer während einer kurzen Zeitspanne in einem geographisch eng gezogenen Raum einer guten

Gesundheit. Die meisten Ureinwohner jedoch, ob sie in vorgeschichtlichen Zeiten oder kurz vor der europäischen Eroberung lebten, waren häufig krank.

Das Seuchen-Jahrhundert

Schenken wir den Aussagen von Charles C. Mann in seinem 2005 erschienenen Sachbuch „1491 – New Revelations of the Americas before Columbus" Glauben, so wurden die Indianer besonders im 16. Jahrhundert n. Chr. von regelrechten Seuchenzügen dahingerafft und weite Landstriche entvölkert. Nicht Eisenschwerter und Kanonenkugeln, sondern vor allem Bakterien und Viren schwächten die Ureinwohner am meisten. Im Gegensatz zu den verdreckten europäischen Eindringlingen, die mit ihren Schweinen und Ziegen unter einem Dach hausten, besaßen die ersten Amerikaner nur wenige Haustiere, mit denen sie nicht zusammenlebten. Auch wurden die Indianer von frühester Kindheit an zur Sauberkeit erzogen. Den älteren Kindern des Dorfes oblag es, ihre jüngeren Spielgefährten an Reinlichkeit zu gewöhnen. Die Kleinen verrichteten bald, wie ihre größeren Kameraden, ihre Notdurft außerhalb des Lagers. Dass sie ihrem natürlichen Bedürfnis an einem bestimmten „Örtchen" unter freiem Himmel nachkamen, war recht hygienisch im Vergleich zum damals gebräuchlichen Klosett der Bleichgesichter. So ist es leicht zu verstehen, warum die Immunsysteme der amerikanischen Ureinwohner kaum an Krankheitserreger gewöhnt waren und recht schnell im Kontakt mit den ersten Keimen zusammenbrachen.

Als sich im 16. Jahrhundert Seuchen rasend schnell unter den ersten Amerikanern ausbreiteten, kam dies den von ihnen gejagten Tierarten zugute, die sich plötzlich explosionsartig vermehrten, weil ihr natürlicher Feind, der Mensch, ihnen nicht mehr nachstellen konnte. Vor allem die Bisons konnten sich jahrzehntelang auf dem Grasland der großen Plains ungestört fortpflanzen. In der Tat gediehen damals 60 Millionen der majestätischen Kolosse auf dieser riesigen Weide, kaum dass die Rothäute dahingesiecht waren.

37

Viren als Spuren der Völkerwanderung

Dass moderne Indianerstämme wie die Navahos die fernen Nachfahren der Einwanderer sind, die in vorgeschichtlichen Zeiten auf einer Landbrücke über die Beringstraße nach Nordamerika gelangten, lässt sich heute mit Virenanalysen nachweisen. Den wohl endgültigen Beweis für diese Hypothese haben nun Virenforscher erbracht. Die Wissenschaftler untersuchten bestimmte, in der menschlichen Niere heimische Viren. Dabei zeigte sich, dass diese so genannten JC-Virenstämme bei nordamerikanischen Navahos mit denen von Bewohnern Tokios übereinstimmen. Auch JC-Viren von Ureinwohnern des Südsee-Eilands Guam wichen nur wenig von den bei Navaho-Indianern gefundenen Stämmen ab. Sehr deutliche Unterschiede gab es hingegen zu den bei Europäern oder Afrikanern gefundenen JC-Viren. Das JC-Virus war 1971 erstmals bei einem Menschen mit den Initialen J und C isoliert worden.

In den letzten Jahren haben Wissenschaftler erkannt, dass sich mit Hilfe solcher Virenanalysen die Wanderungen von Völkern noch nach tausenden von Jahren rekonstruieren lassen.

ALTE NEUE WELT

Der Fund des „Kennewick Man": Hatten die ersten Amerikaner europäische Gesichtszüge?

Verwirrung ums frühe Amerika

Ein Skelett, das im Juli 1996 am Ufer des Columbia River bei Kennewick im Süden des US-Staates Washington gefunden wurde, sorgt seither für Streit zwischen Wissenschaftlern, die sich neue Erkenntnisse über die Ureinwohner Nordamerikas versprechen, und Indianern, die die Totenruhe eines ihrer Urahnen gefährdet sehen. Das Besondere an dem ca. 9300 Jahre alten Fund ist, dass der außergewöhnlich gut erhaltene Schädel keine Ähnlichkeit mit den heutigen Indianern und deren Vorfahren aufweist, die Mongoliden asiatischen Ursprungs sind. Der „Kennewick Man" ist kaukasoid und indoeuropäischer Herkunft. Sein fast vollständiges Knochengerüst ergänzt eine Reihe von fünf oder sechs jüngst entdeckter Skelette desselben kaukasoiden Typs. Auch hierbei handelt es sich um Reste von Menschen mit europäischen Gesichtszügen, die vor 8000 bis 11 000 Jahren in der Steinzeit auf dem amerikanischen Kontinent gelebt haben.

Sind diese Menschen aus Europa gekommen und haben sie von dort eine weit fortgeschrittene Technologie der Steinbearbeitung importiert? Deren bekannteste Beispiele sind die flächenretuschierten Blatt- und Kerbspitzen der Kulturstufe Solutréen, die nach der Fundstätte unterhalb des Kalksteinfelsens Solutré im französischen Departement Saône-et-Loire benannt wurde. In Südfrankreich und Spanien war der Kulturkreis Solutréen in der jüngeren Altsteinzeit vor 20 000 bis 16 000 Jahren verbreitet.

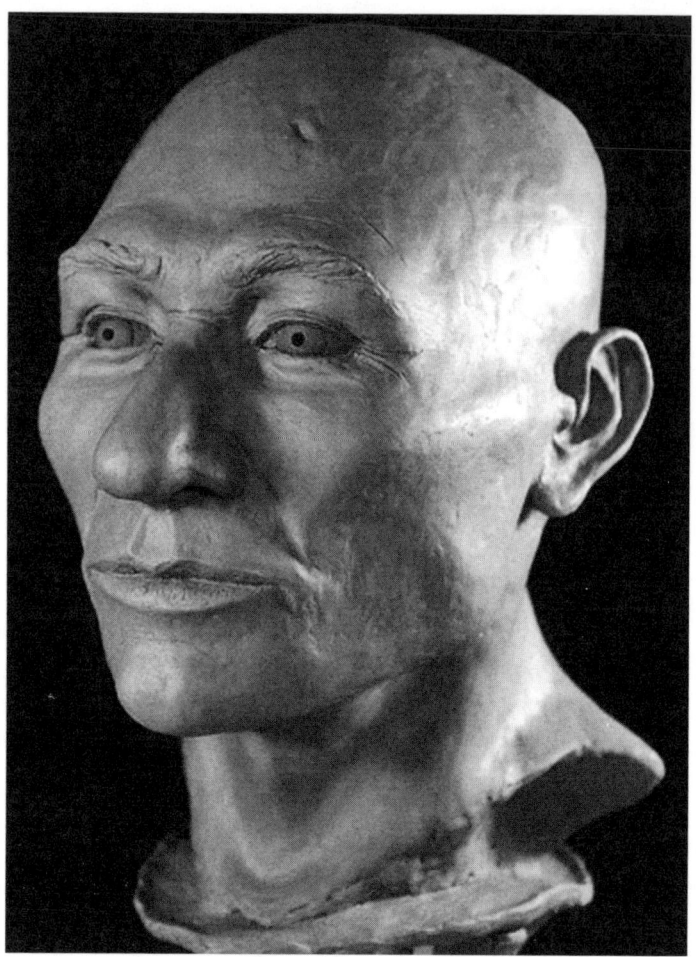

Gesichtsrekonstruktion des Kennewick Man

Über gleichartige, bis zu 16 Zentimeter lange steinerne Speerspitzen mit teilweise beidseitiger Auskehlung verfügten auch die Angehörigen der paläoindianischen Clovis-Kultur, die ihren Namen von der Stadt Clovis in New Mexico ableitet, in deren Umgebung seit 1932–1937 zahlreiche dieser kulturellen Gemeinschaft zugeschriebene Artefakte entdeckt wurden. Die Clovis-Kultur scheint sich urplötzlich vor ungefähr 11 500 Jahren entfaltet zu haben. Bislang hat man nur einige Knochenfragmente der Menschen von Clovis entdeckt, aber eine Unmenge von Lanzenspitzen und anderen Objekten, die denen der Kulturstufe Solutréen sehr ähneln.

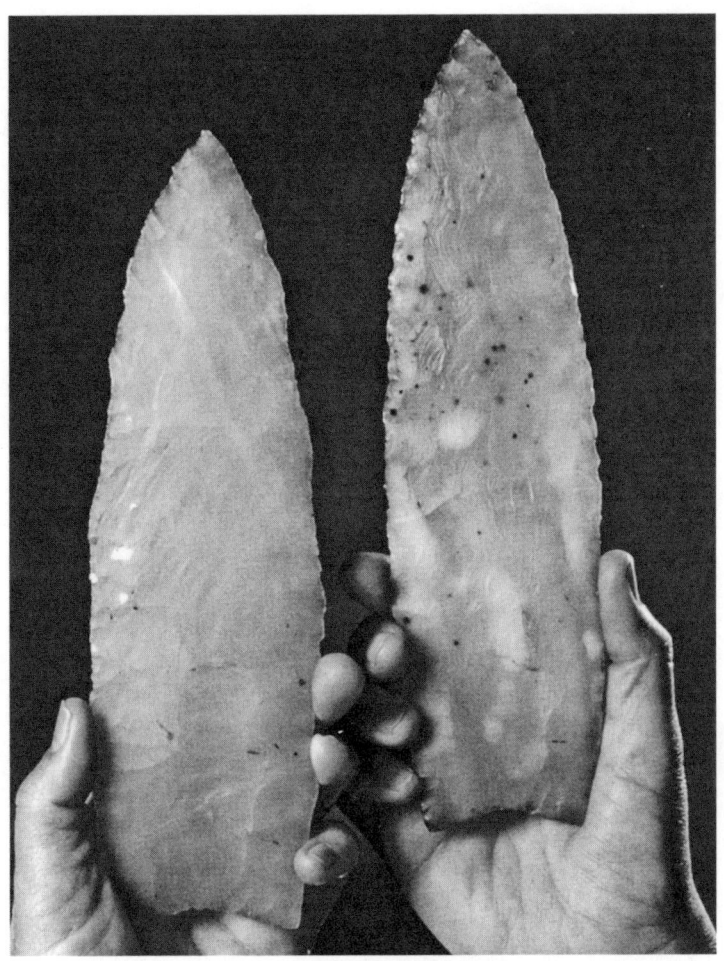

*Lanzenspitzen der Clovis-Zeit, die 1988 bei East-Wenatchee
im Staat Washington gefunden wurden*

Fünf Indianerstämme erheben Anspruch auf den „Kennewick Man"

Das Skelett des „Kennewick Man" ist jedoch fast komplett erhalten. Es fehlen ihm lediglich das Brustbein, einige Rippenfragmente und einige kleine Knochen der Hände und der Füße. Aber es ist seit Jahren keinem Forscher zugänglich, weil das in Portland (Oregon) stationierte U.S. Army Corps of Engineers den auf Staatsland gemachten Knochenfund in weiser Voraussicht beschlagnahmte. In der Tat ging die Armee von der Vorausset-

Funde der Clovis-Zeit aus Stein, Mammut-Stoßzahn und Knochen

zung aus, bei dem „Kennewick Man" handele es sich um die Gebeine eines Urahnen der amerikanischen Indianer, denen die Überreste ihres Vorfahren zur „Repatriierung" übergeben werden müssten, wie es der seit 1990 gültige „Native American Graves Protection and Repatriation Act" (Nagpra) vorsieht.

Und bislang wurde jedem präkolumbischen Knochenfund automatisch indianische Herkunft unterstellt – aufgrund der bei nordamerikanischen

Anthropologen vorherrschenden Lehrmeinung, die Urahnen der heutigen Indianer seien allesamt vor 12 500 Jahren aus Sibirien über die Beringstraße nach Amerika eingewandert. Was aber, wenn die amerikanische Urbevölkerung aus mehr Ethnien bestand als bislang vermutet, wenn die Vorfahren der Ureinwohner, die Kolumbus in der Neuen Welt antraf, nicht die ersten und einzigen Amerikaner waren, wenn andere Einwanderer zuvor aus dem heutigen Europa über den Nordatlantik oder aus Südostasien über den Pazifik nach Amerika gezogen waren?

Fünf Indianerstämme, die in der Nähe des Columbia River beheimatet sind, beriefen sich tatsächlich auf das „Nagpra"-Gesetz, damit die Armee ihnen die Knochen des „Kennewick Man" zur sofortigen und endgültigen Bestattung nach Stammesritualen an einem geheimen Ort aushändige, wo diese vor jeder wissenschaftlichen Analyse, in ihren Augen ein Sakrileg, sicher wären. Einer ihrer Häuptlinge schrieb damals: „Unsere Ältesten haben uns gelehrt, dass ein Leichnam, nachdem er erst einmal in der Erde liegt, dort bis zum Ende der Zeit bleiben soll."

Die Möglichkeit, dass die Konföderation der Umatilla, Yakama, Colville, Nez Percés und Wanapum ihnen die wichtigen Gebeine vor der Nase auf Nimmerwiedersehen wegschnappen würde, versetzte eine Reihe von namhaften amerikanischen Anthropologen in helle Aufruhr. Da sie der Überzeugung waren, eine genaue wissenschaftliche Untersuchung des Skeletts könne zu außergewöhnlichen Ergebnissen führen, die möglicherweise die bisherigen Thesen von der Besiedlung Amerikas widerlegen würden, wandten sich die Forscher an das zuständige Bezirksgericht in Portland (Oregon), um eine gerichtlich verfügte Freigabe des Skeletts durchzusetzen. Das jahrelange Tauziehen um die Gebeine scheint jetzt zu Ende zu sein.

Im Rechtsstreit über mehrere Instanzen zwischen den Anthropologen und den Indianern verlangte der zuletzt zuständige Richter im Jahre 2004 von den „Rothäuten", sie müssten Beweise für ihre Verwandtschaft mit dem Knochenmann vorlegen, weil das „Nagpra"-Gesetz vorsieht, dass die „First Nations", wie die Ureinwohner zurzeit politisch korrekt heißen, sämtliche Skelette indianischen Ursprungs für sich beanspruchen können. Ist der „Kennewick Man" denn überhaupt indianischer Herkunft? Da sich keine Beweise fanden, wurden die Gebeine der Wissenschaft dauerhaft zugesprochen. Und die Indianer verzichteten sogar auf einen Einspruch, wodurch der Beschluss des Richters nunmehr rechtskräftig werden dürfte. „Wie es aussieht, darf nun geforscht, die globale Verwandtschaft des Kennewick-Mannes per Gentest gesucht werden. Es wird spannend", vermerkte Ulli Kulke in der „Welt".

Sein Leben war Kampf

Als äußerst bizarr entpuppt sich die Geschichte des „Kennewick Man". Ein Student, der am Ufer des Columbia River spazieren ging, stieß am letzten Julisonntag des Jahres 1996 auf einen Schädel, der zum Teil aus dem Sand herausragte. Da er glaubte, Zeuge eines Mordes geworden zu sein, verständigte er den Sheriff, der das fast vollständige Skelett freilegen ließ.

Der daraufhin vom lokalen Leichenbeschauer um Amtshilfe gebetene Anthropologe James Chatters identifizierte das Knochengerippe als das eines erwachsenen Mannes mit einer Vielzahl kaukasoider Merkmale, unter denen ihm insbesondere die längliche Schädelform und das schmale Gesichtsfeld auffielen. Da diese eindeutig nicht indianischen Kennzeichen wie auch die Körpergröße von 1,75 m des Verstorbenen nicht auf eine Abstammung von den kleinwüchsigeren amerikanischen Ureinwohnern indianischer Herkunft hinwiesen, vermutete James Chatters, bei dem Toten handele es sich um einen osteuropäischen Zugereisten, einen Trapper oder einen Pionier aus der Kolonialzeit, der im 19. Jahrhundert während der Jagd gestorben oder beim Fischen ertrunken sei. Als er jedoch die Beckenknochen reinigte, entdeckte er dort zu seiner Überraschung ein „graues, teilweise von Knochenmasse umwuchertes Objekt", das er mit Hilfe des Computertomographen als die abgebrochene Spitze einer weidenblattförmigen Steinspitze näher bestimmen konnte. Und genau mit jener Art von Steinspitze auf ihren Speeren gingen frühzeitliche Indianer vor mehr als 9500 Jahren auf die Jagd. Daraufhin schickte Chatters einen kleinen Knochen der Hand an die Universität von Riverside in Kalifornien mit der Bitte um eine Radiokarbondatierung. Das Resultat verblüffte ihn vollends: Das Skelett war zwischen 9300 und 9600 Jahren alt. Weitere chemische Analysen zur Altersbestimmung ergaben, dass der „Kennewick Man" vor 9460 Jahren, plus minus 60 Jahre, verstorben war.

Der Mann musste seinerzeit viele Kämpfe ausgefochten haben, die ihre Spuren hinterlassen hatten, wovon ein angeknackster Schädel, gebrochene Ellenbogen und zerschlagene Rippen zeugen. Die Speerspitze, die in den rechten Hüftknochen eingedrungen war, musste ihm auch zugesetzt haben. Alle seine Verletzungen, die mehr oder weniger verheilt waren, als er verschied, hatte er überlebt.

Ein Europäer inmitten einer mongoliden Bevölkerung

Einige Tage nach der sensationellen Radionkarbonmessung wurde das kontroverse Skelett von Professor Grover S. Krantz, Anthropologe an der Universität des Staates Washington, untersucht. Er kam zum Schluss, dass der gefundene „Knochenmann" mit keiner Gruppe heutiger Indianer Amerikas in Verbindung gebracht werden könne.

Bevor der Knochenfund jedoch von der Armee beschlagnahmt wurde, konnten mehrere renommierte Anthropologen noch schnell einige Voruntersuchungen machen und einen Schädelabdruck herstellen. Dabei fanden sie heraus, dass der große, schlanke und wohlproportionierte Mann sich hauptsächlich von Fisch ernährt und sich mit einem Lebensalter von etwa 50 Jahren einer guten Gesundheit erfreut hatte. Er war nicht an der Beckenverletzung gestorben, die er sich durch die abgebrochene „Kaskaden-Spitze" einer weidenblattförmigen Steinspitze zugezogen hatte, denn der beschädigte Knochen war wieder um das Fremdobjekt zusammengewachsen. Wahrscheinlich hatte er die durch die Verletzung bedingten Infektionen weniger gut überstanden und war während der Jagd oder beim Fischen verstorben.

Der kaukasoide Schnitt des Schädels verblüffte die Forscher jedoch am meisten. Eine ziemlich hervorstehende Nase, ein nach vorne geschwungenes Kinn, eine schwache Pigmentierung der Haut, eine ausgeprägte Körperbehaarung und eine häufige Kahlköpfigkeit des Mannes gehören zu jenen biologisch definierten Kennzeichen, die Anthropologen den kaukasoiden Menschen indoeuropäischer Herkunft zuordnen, zu denen der „Kennewick Man" zweifelsohne gehört. Was machte dieser Mann, wahrscheinlich europäischer Abstammung, so weit von seiner Heimat entfernt vor mehr als 9000 Jahren auf den Great Plains von Nordamerika inmitten einer mongoliden Bevölkerung asiatischen Ursprungs?

Frühe Besiedlung aus Europa

Dass es nach und neben den Einwanderungswellen aus Asien über die Beringstraße auch Zuströme aus Europa gegeben haben kann, dafür steht Dennis Stanford ein, Direktor der Anthropologieabteilung des Smithsonian Natural Museum of History in Washington, einer der angesehensten Experten im Bereich der Paläoanthropologie Nordamerikas.

Die Hypothese des Amerika „out of Europe" stützt sich auf mehrere Entdeckungen und Beobachtungen:

Neben dem „Kennewick Man" sind noch einige andere Skelette desselben kaukasoiden Typs in Nordamerika entdeckt worden. Dazu zählt auch eine der ältesten Mumien der Neuen Welt, die 1940 in der Spirit Cave, einer Grotte bei Carson City (Nevada), gefunden wurde. Die Zeitmessung mit radioaktivem Kohlenstoff ergab, dass der Höhlenmann vor 9415 Jahren am Ende der letzten Eiszeit gestorben war. Die extreme Trockenheit in der Geisterhöhle hatte bewirkt, dass der tote Krieger teilweise trockenmumifiziert worden war.

Auch er war ein Mensch mit schmalem Gesicht und lang gezogenem Schädel, der mit den Indianern, die heute Amerika bevölkern, ethnisch nicht verwandt ist. Wie der „Kennewick Man" gehört er jener schmalköpfigen Rasse an, deren Antlitz an einen Pferdeschädel erinnert. Dass die Spirit-Cave-Mumie „am ehesten noch europäisch oder archaisch kaukasoid aussehe", entnehmen wir einem Forschungsbericht, der auf die ausgeprägte Ähnlichkeit zwischen dem Grottenmenschen aus Nevada einerseits und den Ureinwohnern Japans, den Ainu, und einer „mittelalterlichen Bevölkerungsgruppe aus Skandinavien" andererseits hinweist.

Die Ainu, die auf Hokkaido, Sachalin und den Kurilen leben, werden als die Ureinwohner des japanischen Archipels angesehen. Sie gelten als der östlichste Überrest einer europiden Urbevölkerung, worauf ihre archaischen Merkmale (u. a. eine cromagnide Schädelform) hinweisen. Im Gegensatz zu ihren mongoliden Nachbarn verfügen sie über eine starke Körperbehaarung, eine helle Hautfarbe und einen kräftigen Körperbau. Da sie mit den Europäern und nicht mit den Japanern verwandt sind, stellt sich die Frage ihrer Herkunft, die bislang noch nicht geklärt ist.

Im Westen Chinas gibt es auch ein Volk indo-europäischen Ursprungs, die Ouigours, deren Abstammung nicht weniger rätselhaft ist als die der Ainu. Die Vorfahren beider Völker sind vielleicht von den Ufern des Mittelmeers oder aus dem Norden Europas bis nach China oder Japan gewandert, wo der größte Teil ihrer Gruppe sesshaft geworden sein könnte, während einige Beherzte noch weiter durch Asien bis zur Beringstraße marschiert sein und Alaska erreicht haben könnten.

Haben diese Indo-Europäer die nordamerikanische Kultur gegründet, die unter dem Namen Clovis bekannt ist?

Das plötzliche Auftauchen wie auch Verschwinden dieser Zivilisation bleibt bis heute ein Geheimnis. Vor etwa 11 500 Jahren breitete sich auf den Great Plains von Nordamerika die unverwechselbare Clovis-Kultur aus, die durch Dutzende von Fundstätten dokumentiert ist, an denen Steinartefakte in direkter Verbindung mit Knochen ausgestorbener eiszeitlicher Säugetiere wie Mammut, Mastodon und Ur-Bison entdeckt wurden. Durch die

Abschlagtechnik zur Gewinnung von Feuerstein-Werkzeugen

Radiokarbondatierung weiß man heute, dass diese Kultur beinahe wie aus dem Nichts geboren vor ungefähr 11 500 Jahren auf einmal da war, sich über große Teile des nordamerikanischen Kontinents ausbreitete und nach 500 Jahren abrupt zu Ende ging, ungefähr zum gleichen Zeitpunkt als die großen prähistorischen Tiere Nordamerikas ausstarben.

Es ist merkwürdig, dass keine Clovis-Spitzen in Alaska gefunden wurden, wo die angeblich aus Sibirien zugewanderten Clovis-Jäger keine Spuren hinterlassen haben. Dort müssten nämlich logischerweise die ältesten Überreste vorhanden sein. Nicht weniger auffallend ist es, dass die ältesten Clovis-Funde, die man in Alaska oder in Kanada, am Eintrittstor zu Nordamerika, erwartet hätte, aus Texas und Florida stammen.

Zu Fuß über den vereisten Atlantik

Die Clovis-Kultur zeichnet sich durch eine fortgeschrittene Technik der Steinbearbeitung zur Fertigung von Werkzeugen und Waffen aus. In ihren handwerklichen Fähigkeiten waren die Clovis-Menschen Meister ihres Fachs: sie stellten Speer- und Lanzenspitzen her, die sich durch eine so genannte Kehlung bzw. Schäftungsrinne charakterisierten. Sie zählten zu den

ersten Menschen, die auf eine wohl überlegte Abschlagtechnik zurück-
griffen, bei der ein Geschosskopf die gewünschte Form durch beidseitiges
Abschlagen schrittweise annahm: Die Kehlung des Steins erfolgte durch
Schläge auf die sorgfältig abgeschrägte und druckretuschierte Basis, was
zweifelsohne ein zeitaufwendiger Herstellungsprozess war.

Da die Clovis-Steinbearbeitung sich auf einer Weiterentwicklung der
Techniken zu gründen scheint, die bereits von paläolithischen Jägern der
Solutréen-Kulturstufe vor 16 000 Jahren in Südeuropa angewandt wurden,
ist die Frage berechtigt – und sie wird von namhaften amerikanischen
Anthropologen gestellt –, ob die Grundlagen der Clovis-Technologie nicht
von Europa nach Nordamerika importiert wurden, wo handwerklich ge-
schickte Individuen diese bereits ausgeprägten Ansatzpunkte noch weiter
verfeinerten. So hat der Anthropologe Vance Haynes jr. von der Universität
von Arizona viele Ähnlichkeiten zwischen den Werkzeugen und Objekten
der Clovis-Menschen und denen des Solutréen-Kulturkreises festgestellt.
William Fitzhugh, Direktor des Zentrums für arktische Studien am Smithsonian Natural Museum of History in Washington, ist seinerseits der Meinung, dass die Indo-Europäer der Solutréen-Kultur keineswegs nur über
die damals vereiste Beringstraße von Asien aus nach Nordamerika gelangen
konnten. Er glaubt, dass diese Einwanderer einen anderen Weg eingeschla-
gen haben könnten, nämlich die Nordatlantik-Route. Dafür spricht, dass
die Clovis-Spitzen offenbar zuerst im Süden Nordamerikas auftauchten
und sich von dort nach Norden ausbreiteten – und nicht umgekehrt. „Ich
bin durchaus bereit, eine Atlantiküberquerung in Betracht zu ziehen“,
meint auch Douglas Wallace, Leiter des „Center for Molecular Medicine“ an
der Emory University in Atlanta.

In der Tat war der Nordatlantik vor 16 000 Jahren von Norwegen bis
Neufundland zugefroren, und das Packeis konnte südlich bis nach Groß-
britannien und Nova Scotia reichen. Von Frankreich aus hätten damalige
Menschen bis nach Amerika zu Fuß gelangen können, indem sie über
Schottland die Faröer Inseln, Island, Grönland, Neufundland und schließlich Nova Scotia erreichten. Uns scheint: eine phantastische Reise. Aber die
Wanderung durch Asien und die Überquerung der Beringstraße – hier
mussten Tausende von Kilometern Tundra, Eis und Schnee überwunden
werden – waren nicht weniger anstrengend. Und dieser beschwerliche
Durchzug fand mindestens mehrere Male in der Vorgeschichte statt, was
mit Sicherheit belegt werden kann.

Dass manche Ureinwohner Amerikas nicht aus Asien, sondern aus
Europa kamen, hält der Anthropologe Dennis Stanford vom National
Museum of Natural History für wahrscheinlich. Wie der „neolithische

Kolumbus" aus dem steinzeitlichen Europa damals den Atlantik über-
querte, bleibt für den amerikanischen Forscher zurzeit noch offen. Während
der letzten Eiszeit hätten mutige Entdecker günstige Bedingungen für die
Passage vorgefunden. In der Tat war in jenen Tagen die kürzeste Entfernung
zwischen Europa und Nordamerika auf 2500 Kilometer geschrumpft und
die Meeresströmungen bewegten sich in Richtung Neue Welt. Seehunde,
Pinguine und Fisch hätten den Wanderern zwischen den Kontinenten als
ausreichende Wegzehrung gedient. „Vielleicht", vermutet Dennis Stanford,
„waren es ja nur ein paar Leute auf einer Eisscholle."

Auch Douglas Owsley von der Smithsonian-Institution gibt sich davon
überzeugt, dass sich in der Steinzeit „Gruppen auf dem amerikanischen
Kontinent herumtrieben, die nicht bis in die Gegenwart überlebt haben".

Indianer sind nicht die einzige Urbevölkerung Amerikas

Der „Kennewick Man" kann ohne Weiteres ein Nachfahre der Clovis-
Menschen sein, von denen etliche über die Nordatlantik-Route nach Amerika gelangt sein können. Ein Urahn der Indianer ist er mit Sicherheit nicht.
Und trotzdem sehen die heutigen Umatilla-Indianer und ihre Verbündeten
ihn als einen der Ihren an, dessen Gebeine sie mit Entschiedenheit für sich
beanspruchen. „Unser Volk lebt seit Anbeginn der Zeit in Nordamerika.
Wir glauben nicht, dass die Indianer von einem anderen Kontinent eingewandert sind, wie es die Wissenschaftler vermuten", schreibt Armand
Minthorn, religiöser Anführer der Indianerstämme am Columbia River, auf
einer Internet-Homepage. „Einige Forscher behaupten, dass es zu einer Zerstörung der Beweise für das Vorhandensein unserer Geschichte kommen
wird, wenn das Skelett des ‚Kennewick Man' nicht wissenschaftlich aufs
Genaueste analysiert wird. Wir kennen unsere Geschichte bereits. Sie wird
uns überliefert durch unsere Vorfahren und unsere religiösen Gepflogen-
heiten." Für den Häuptling der Umatilla steht zweifelsohne fest, dass der
Knochenfund von einem ihrer Urahnen stammt, auch wenn dieser wenig
äußerliche Ähnlichkeiten mit den heutigen Indianern hat: „Unsere Ältesten
haben uns erzählt, dass indianische Menschen nicht immer so aussahen wie
wir heute."

Eigentlich haben die Indianer auch kein Interesse an einer wissenschaftlichen Klärung der Herkunft des Mannes von Kennewick, weil die
politischen Folgen ihnen unheimlich sind: Erwiese sich, dass die Ureinwohner Amerikas kaukasoider und nicht mongolider Abstammung sind,
wäre es schlecht um den Anspruch der heutigen Indianer bestellt, sie seien

die rechtmäßigen und einzigen Nachkommen einer amerikanischen Urbevölkerung, die laut ihnen schon seit Menschengedenken den Kontinent
bevölkert hat. Dann müssten sie schon wieder anders benannt werden. Die
Bezeichnung „First Nations", die sich heutzutage als politisch korrekt einge-
bürgert hat, wäre schlicht falsch. Sie wären nicht die Nachkommen der
ersten Einwanderer, weil vorher schon andere da waren.

DIE POLYNESISCHE EXPANSION

Vor etwa 6000 Jahren: Ein Genfluss strömte über den Pazifik in das präkolumbische Amerika

Alle historischen Indizien lassen den Schluss zu, bereits in der Phase der entstehenden Hochkulturen sei der Mensch zu Ozeanüberquerungen fähig gewesen. Dabei hat er Wasserfahrzeuge verwendet, denen heutzutage niemand eine solche Seetüchtigkeit zugetraut hätte. Dass es schon in präkolumbischer Zeit mögliche Ozeanrouten von und nach Amerika gegeben hat, die mit primitiven Schiffen befahrbar waren, hat der moderne Seefahrer Thor Heyerdahl aus Norwegen mit seinen, nach prähistorischen Vorbildern selbst gezimmerten Konstruktionen belegt. Dabei gilt es natürlich nicht zu vergessen, dass Verbindungen von und nach Amerika zu allen Zeiten nur innerhalb enger naturgegebener Grenzen möglich gewesen sind.

Thor Heyerdahl auf den Spuren polynesischer Seefahrer

Thor Heyerdahl hat in einer Reihe von Sachbüchern Rechenschaft über seine Arbeit und seine Expeditionen abgelegt, denen der Ruch des Sensationellen anhing, die aber konkrete Beweise für die These brachten, dass vor Tausenden von Jahren Völker über die Ozeane gefahren sind und ihre Spuren hinterlassen haben. Um diese These wissenschaftlich zu untermauern, brach Thor Heyerdahl immer wieder zu archäologischen Abenteuern über die Meere auf.

Seine Schiffe nannte er Kon-Tiki, Ra und Tigris. Sie waren aus Binsen, Schilf oder Balsaholz zusammengezimmert. Mit diesen Nachbauten

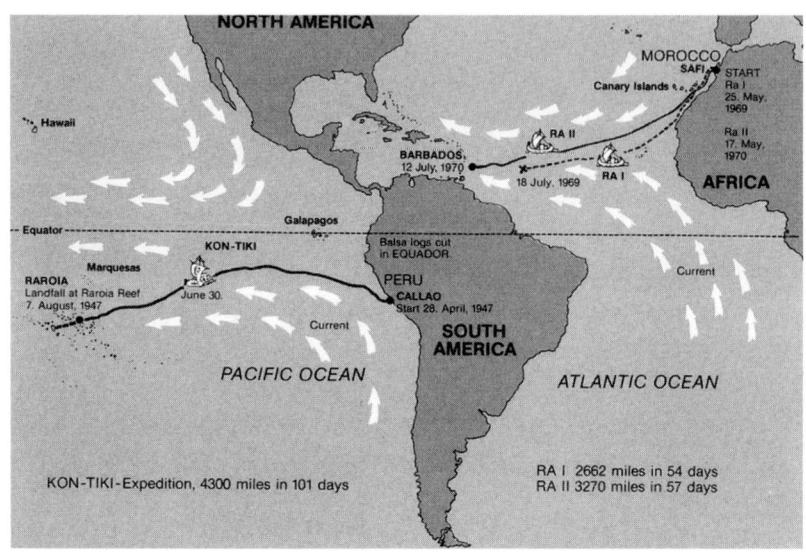

Karte der Expeditions-Routen Thor Heyerdahls mit Kon-Tiki und Ra I sowie Ra II

primitiver vorgeschichtlicher Modelle wagte er sich auf den Atlantik, den Pazifik und den Indischen Ozean.

Kon-Tiki taufte der norwegische Forscher das nach einem alten indianischen Vorbild gebaute Balsafloß, mit dem er 1947 zu einer 97-tägigen Reise von der Küste Perus aus zum 7000 Kilometer entfernten Tuamotu-Archipel in der Südsee aufbrach. Und „Kon-Tiki" betitelte Heyerdahl denn auch den bemerkenswerten Bericht dieses kühnen Abenteuers, mit dem er einen ersten Hinweis erbrachte, dass der Pazifik für prähistorische polynesische Seefahrer nicht unüberbrückbar gewesen sein muss.

Schützenhilfe erhält Thor Heyerdahl heute von der Genetikerin Rebecca Cann von der Universität Hawaii, die jetzt mit Hilfe von Erbgutanalysen nachgewiesen hat, dass polynesische Seefahrer bereits Hunderte oder sogar Tausende von Jahren vor Kolumbus und den Wikingern erstmals amerikanischen Boden betraten. Indem die Naturwissenschaftlerin DNS-Proben von polynesischen Ureinwohnern und Indianerstämmen verglich und auffallende Übereinstimmungen feststellte, kam sie zu dem Schluss: „Ein Genfluss strömte über den Pazifik in das präkolumbische Amerika."

Historische Aufnahme der Kon-Tiki, 1947

Wechselbeziehungen zwischen Amerika und Asien

Mit ihrer Studie über die polynesische Expansion in vorgeschichtlichen Zeiten widerlegt Rebecca Cann die bislang etablierte Lehrmeinung über die Besiedlung Amerikas, laut der die Landmasse zwischen Asien und Europa vom Rest der Welt isoliert blieb, nachdem die Vorfahren der ersten Amerikaner vor vielen tausend Jahren über die Beringstraße eingewandert waren.

In der Tat belegen zahlreiche neue Funde darüber hinaus, dass es seit Jahrtausenden zwischen Asiaten und Amerikanern zu einem Austausch von Kulturgütern und Nutzpflanzen gekommen sein muss:

- Die Süßkartoffel, deren Heimat Südamerika ist, wuchs bereits vor tausend Jahren im östlichen Polynesien und ist seit langem in Neuseeland bekannt. Diese weit auseinander liegenden Gebiete, zwischen denen es laut „Schulbuch-Geschichte" angeblich keine Verbindung gab, sind die einzigen Stellen auf dem Planeten, wo die Knolle verbreitet war.

- Skulpturen von Mais und Sonnenblumen verzieren südindische Tempel aus dem 16. bis 13. Jahrhundert. Beide Pflanzen stammen aus Amerika und können ohne menschliche Hilfe keine langen Strecken zurücklegen.

- In 1500 bis 3000 Jahre alten ägyptischen Mumien wies eine Arbeitsgruppe der Universität München Spuren von Kokain und Nikotin nach. Kokapflanze und Tabak nehmen ihren Ursprung in Amerika.
- In vorgeschichtlichen Mumien in Peru und Brasilien spürten Archäologen Überreste von tropischen Darmparasiten auf, die sonst nur in Asien vorkommen.
- In der chilenischen Atacama-Wüste gruben Wissenschaftler Mumien aus, die mit Spuren einer Leukämie-Erkrankung behaftet waren, die ansonsten nur in Japan, aber in keiner anderen amerikanischen Fundstätte auftauchte.
- Neue genetische Untersuchungen und Rückverfolgungen der Verwandtschaft heute lebender Indianer weisen darauf hin, dass sich das Erbgut der Neuen Welt durch einen „kaukasischen" Faktor auszeichnet.

Auch die Genetikerin Rebecca Cann suchte nach Wechselbeziehungen zwischen Amerika und Asien. Indem sie nach Verwandtschaften zwischen verschiedenen Bevölkerungsgruppen fahndete und dabei die DNS in den Mitochondrien der Zellen untersuchte, gelang es der Wissenschaftlerin, erstmals einen handfesten Beweis dafür zu liefern, dass die Neue Welt so neu nicht war, als Kolumbus 1492 auf der Insel Samana Cay an Land ging. In der Tat spürte sie im Erbgut von fünf Indianerstämmen eine auffallende genetische Konstellation auf, auf die sie schon früher gestoßen war: bei den Ureinwohnern Samoas.

Die Expansion der polynesischen Seefahrer begann – so vermutet die Forscherin – vor ungefähr 6000 Jahren. Ihr genauer Verlauf ist bislang noch nicht nachvollziehbar. Rebecca Cann, die übrigens während ihres Studiums in Berkeley an den Nachforschungen über die afrikanische Urmutter „Eva" teilnahm, ist der Ansicht, dass die Seeleute aus Polynesien in ihren doppelwandigen Kanus weit über die Osterinsel hinausfuhren. Dabei lässt sich genetisch der Zeitpunkt ihrer Amerika-Fahrt nicht bestimmen. Die Wissenschaftlerin geht jedoch von der Annahme aus, dass diese Amerika-Reise erst nach der Besiedlung der Osterinsel stattfand, also nach dem 5. Jahrhundert.

Obwohl sowohl Polynesier als auch Indianer gemeinsame Wurzeln in Zentralasien haben, hält Rebecca Cann es für unwahrscheinlich, dass die genetische Ähnlichkeit darauf zurückzuführen ist: „Die betroffenen Stämme sind an der Pazifikküste Amerikas – in Ekuador, Chile und Kanada – zu Hause. Ihr Erbgut belegt, dass es einen geringen, aber direkten Einfluss über den gesamten Pazifik gab."

Navigationskünste der Polynesier

Dass es den navigationsbegabten Polynesiern auch ohne Kompass, Sextant oder Seekarten gelingen konnte, sich auf dem offenen Meer zu orientieren, diesen Beweis erbrachte Anfang 1995 der Hawaiianer Nainoa Thompson, als er sich mit einem nachgebauten Doppelrumpfkanu, wie es seit Tausenden von Jahren in der Südsee verwendet wird, auf die gut 5200 Seemeilen (eine Seemeile entspricht 1,852 Kilometern) lange Reise von Hawaii nach Tahiti und den Marquesas und von dort wieder zurück nach Hawaii aufmachte.

Die traditionellen Navigationsmethoden seiner Urahnen musste Thompson sich dazu jedoch erst wieder zu Eigen machen, denn unter den etwa 120 000 Nachkommen jener Marquesas-Insulaner, die heute noch im 50. Bundesstaat der USA leben, waren diese nautischen Kenntnisse längst verloren gegangen.

Als äußerst glücklicher Umstand für Thompson erwies sich dessen Begegnung mit dem Mikronesier Mau Piai-lung, der noch wusste, wie man Wind und Wellen liest, Treibgut interpretiert, und der die Position von Hunderten von Sternen im Gedächtnis behalten konnte. Bei ihm wurde Thompson mit dem uralten Segelwissen vertraut, das er inzwischen an mehr als ein Dutzend seiner Landsleute weitergegeben hat.

Das Schiff, das noch fehlte, um den praktischen Beweis zu erbringen, wurde nach traditionellen Fertigungsmethoden gebaut. Die beiden Rümpfe des 17,4 Meter langen Katamarans, den Thompson nach jenem legendären Polynesier, der die Inselkette einst entdeckt haben soll, „Hawai'iloa" benannte, wurden aus zwei etwa 400 Jahre alten und etwa 1,80 Meter dicken Rottannen gefertigt, die eigens aus Alaska importiert werden mussten, weil geeignete Bäume auf Hawaii längst schon abgeholzt sind. Die Taue für die Takelung und zur Verbindung der Bauelemente wurden aus Kokosfasern gedreht und die Segel aus Pandanussblättern geflochten.

Der erste Teil der Reise führte von Hawaii nach Tahiti und von dort aus weiter zu den Marquesas-Inseln. Dabei musste die „Hawai'iloa" streckenweise gegen die kräftigen Passatwinde ansegeln. Mehr als 60 Tage benötigte der Kataraman für diese etwa 3000 Seemeilen lange Etappe, wohingegen die 2200 Seemeilen weite Rückfahrt nach Hawaii – trotz der windarmen Kalmenzone, die am Äquator zu überwinden war – nur 19 Tage dauerte, was einer navigatorischen Meisterleistung gleichkam.

„Für mich war die Reise eine Gelegenheit, die Geschichte meiner Vorfahren kennen zu lernen", so äußerte sich Catherine Fuller, eine von mehreren Frauen an Bord der „Hawai'iloa". „Ich konnte damit nicht nur helfen, unsere Legenden an künftige Generationen weiterzugeben – ich konnte sie dabei obendrein selbst erleben."

Wer sich auf die Suche nach der sprichwörtlichen Nadel im Heuhaufen begibt, hat zumindest eine Vorstellung von dem, was er zu finden hofft. Doch was jene Polynesier gesucht haben, die vor mehr als 1000, möglicherweise sogar schon fast 2000 Jahren von den Stränden der Inselgruppe, die wir heute Marquesas nennen, in seetüchtigen Kanus nach Norden aufbrachen, entzieht sich unserer Kenntnis. Vor ihnen dehnten sich lediglich Tausende von Quadratkilometern offener See aus, nicht einmal die allerkleinste Insel lud sie dazu ein, den Horizont weiter zu erforschen. Und doch stießen sie nach mehrwöchiger Überfahrt auf eine Kette von Vulkaninseln – Hawaii. Für Polynesier, die sich ohne Kompass, Sextant oder Seekarten auf dem offenen Meer orientieren konnten, wäre der Streifzug über Hawaii hinaus bis zum amerikanischen Festland eigentlich nur ein „Katzensprung" gewesen. Wie dem auch sei, vielleicht gehörten sie einem Kulturkreis an, der von dem Wunsch durchdrungen war, den eigenen Horizont zu überschreiten.

Aus den Untersuchungen an 33 versteinerten Schädeln eines Indianerstamms, der zur Zeit von Kolumbus auf der Halbinsel Baja California lebte, mittlerweile aber ausgestorben ist, schälte sich eher eine Verwandtschaft mit der Urbevölkerung Südasiens und des Südpazifiks heraus als mit den heute in Amerika lebenden Indianern, so dass die Schlussfolgerung nahe liegt: Menschen aus dem polynesischen Raum sind tatsächlich bis nach Amerika vorgestoßen. „Zuwanderer aus Südasien erreichten den Kontinent schon vor 25 000 Jahren", erläutert der US-Anthropologe Tom Dillehay von der Vanderbilt-Universität in Nashville/Tennessee die notwendige Revision der althergebrachten These zur Besiedlung Amerikas. „Erst später folgten Einwanderer aus Sibirien, auf deren Nachfahren Kolumbus stieß und von denen die heutigen Indianer abstammen."

Die australische Hypothese

An mehreren Stellen zwischen Mexiko und Chile stießen Forscher in den letzten Jahren auf menschliche Knochen, die keine Verwandtschaft zu den sibirischen Nomaden, die über die Beringstraße nach Nordamerika gewandert waren, aufwiesen, aber zu Ur-Australiern. Hieraus ergibt sich, dass die ersten Amerikaner möglicherweise mit den australischen Ureinwohnern verwandt waren. Neuen Forschungsergebnissen aus den Vereinigten Staaten und Brasilien zufolge wurde der amerikanische Kontinent zwar wahrscheinlich – wie bislang angenommen – über die damals noch bestehende Landbrücke im hohen Norden zwischen Asien und Amerika besiedelt. Die ersten Einwanderer waren aber nicht Vorfahren der heutigen Indianer, sondern Verwandte der australischen Aborigines. Dies hätten Vergleiche von Schädeln aus Fundstätten in Kolumbien und Brasilien ergeben, berichtete unlängst die australische Zeitung „Sydney Morning Herald".

Von den noch heute in Australien lebenden Aborigines nimmt man an, dass ihre Vorfahren vor 40 000 bis 50 000 Jahren dank einer damals bestehenden Landbrücke über das heutige Indonesien nach Asien weitergewandert sind und dass es bis vor etwa 14 000 Jahre gedauert hat, ehe diese Volksgruppe auf ihrem generationenlangen Wanderweg amerikanischen Boden erreichte.

„Wir sind sehr, sehr überrascht über das, was wir gefunden haben", zitiert die Zeitung Walter Neves von der Universität Sao Paulo. Der Paläoanthropologe vertritt die Meinung, dass dann 2000 bis 4000 Jahre später die Vorfahren der heutigen Indianer, die ersten Einwanderer aus Sibirien, nach Amerika kamen und dort damit begannen, ihre australischen Vorgänger immer weiter zurückzudrängen. Beide Rassen hätten jedoch noch Tausende von Jahren parallel existiert.

Die letzten echten „Australo-Amerikaner" könnten nach Neves' Ansicht die „Feuerland-Indianer" gewesen sein, die vor 30 Jahren ausgestorben sind. Noch heute wiesen die Je-Indianer im südlichen Brasilien Merkmale der australischen Ureinwohner auf.

Die britische Archäologin Sylvia Gonzalez von der John-Moores-Universität Liverpool und einige ihrer Kollegen gehen gedanklich noch weiter und lassen die ersten Menschen australider Herkunft bereits vor mehr als 40 000 Jahren in die Neue Welt gelangen. Es sei denkbar, dass die ersten Einwanderer in Amerika australiden Ursprungs waren, aus Südasien oder Südostasien stammten und als wagemutige Kanuten und Inselhopper vor den Vorfahren der Indianer den amerikanischen Kontinent erreichten. Sie könnten nahe verwandt gewesen sein mit den ersten Aborigines in Australien, die etwa zeitgleich dort ankamen.

Nach Auswertung von Schädelknochen, die auf der mexikanischen Halbinsel Baja California entdeckt wurden, ist das Forscherteam um Sylvia Gonzalez von der Richtigkeit seiner Australien-Theorie überzeugt. In der Tat unterscheiden sich die schmalen, langen Köpfe dieser Menschen schon rein äußerlich stark von der eher rundlichen Morphologie der Indianerahnen, die vor 12 000 bis 15 000 Jahren über die Beringstraße von Sibirien nach Nordamerika gelangten: „Sie ähneln eher Südasiaten, Australiern und Inselbewohnern des Südpazifiks als Nordasiaten", erläutert Sylvia Gonzalez.

Dass es mehrere sukzessive Einwanderungswellen gegeben habe, von denen die erste bis zur amerikanischen Pazifikküste womöglich schon vor mehr als 30 000 Jahren vordrang, ist aus ihrer Sicht durchaus möglich: „Das ist ein mit Tretminen gespicktes Feld, denn die Indianer könnten dann nicht mehr behaupten, ihre Vorfahren hätten den Kontinent als Erste bevölkert." Die britische Anthropologin kann sich in ihrer Argumentation zudem auf die DNS-Analyse eines 12 700 Jahre alten länglichen Frauenschädels stützen. „Das Ergebnis wird einschlagen wie eine Bombe", offenbart Sylvia Gonzalez. Wir sind gespannt.

Reisten die ersten Amerikaner per Schiff?

Im Augenblick, wo der Streit um den ersten Amerikaner sich zuspitzt und sensationelle Zeugnisse frühester amerikanischer Siedler andeuten, dass der Zeitpunkt für die Ankunft von Einwanderern immer weiter zurückdatiert werden muss – womöglich bis vor mehr als 50 000 Jahre, stellt sich für die Forscher die Frage, ob die Beringstraße zu dieser Zeit überhaupt passierbar war.

Dass es vor 13 000 Jahren, zur angeblichen „rush hour" am Ende der letzten Eiszeit, eine bequeme Landbrücke zwischen Alaska und Sibirien gab, als der Meeresspiegel um maximal 140 Meter abgesackt war, wird derzeit nicht mehr bestritten. Was war aber 40 000 Jahre zuvor möglich, als das Eis tief nach Süden bis weit hinunter in den Pazifik vorgedrungen und dieser „Durchschlupf" durch eine Jahrtausende währende Wintersperre blockiert war?

Nur große Seefahrt hätte damals den Menschen nach Amerika bringen können, da der Landweg versperrt war. Für Friedemann Schrenk, einen der führenden Paläoanthropologen Deutschlands, war Nordamerika vor 20 000 bis 30 000 Jahren vollständig unbewohnbar. Sein Befund lautet: einfach zu kalt. Das hat aber – davon gibt sich der Forscher überzeugt – die ersten Amerikaner nicht davon abgehalten, den Weg nach Süden einzuschlagen, indem sie sich in primitiven Booten entlang der Kurilen- und Aleuten-Inseln weiterbewegten, allmählich von Eiland zu Eiland zogen, sich an der pazifischen Westküste vorwärts tasteten, bis sie auf das Festland überwechseln konnten und mit dessen systematischer Besiedlung begannen.

Dass der damalige Mensch die Seefahrt beherrscht haben könnte, ist für Friedemann Schrenk ohne Weiteres denkbar: „Der Homo erectus ist schon vor 800 000 Jahren mit Flößen übers Meer gefahren." Diesen Gedanken könnte man weiterspinnen und sich fragen, ob dessen Verwandter, der

Homo sapiens, aus dieser Fertigkeit nicht in 750 000 Jahren gelernt haben könnte, auch weite Ozeane zu überqueren. In der Tat: Die große Überfahrt über den Pazifik oder den Atlantik könnte bereits vor 50 000 Jahren oder schon früher stattgefunden haben, was für den deutschen Wissenschaftler „eine grundlegend veränderte Weltsicht auf die Besiedlung Amerikas" ergeben würde.

Kamen Tiere und Menschen als Treibgut nach Amerika?

Dass nicht nur Menschen, sondern auch sogar große Tiere, wie Affen, Schlangen oder Echsen, per „Floß" von Insel zu Insel bis zum nächsten Festland reisen, ist eine aktuelle Erkenntnis der Naturwissenschaft.

Im Wissenschaftsmagazin „Nature" berichteten Ellen Censky vom Carnegie-Naturkundemuseum in Pittsburgh und ihre Mitarbeiterinnen über einen verbürgten Fall vom Oktober 1995. Damals fegten mehrere schwere Hurrikans durch die Karibik und entwurzelten ungezählte Bäume. Im Gefolge dieser Stürme beobachteten die Bewohner der Insel Anguilla einige Tage später ein großes „Floß" aus etlichen Baumstämmen, das an den Strand gespült wurde. Auf dem Treibholz befanden sich 15 Grüne Leguane (Iguana iguana) beiderlei Geschlechts. Aus dem Zugverlauf der Stürme folgerten die Wissenschaftlerinnen, dass die Tiere von der rund 300 Kilometer entfernten Insel Guadeloupe stammten. Noch im Frühling des Jahres 1998 wurden einzelne Tiere wieder auf der Insel gesichtet, auf der vor 1995 keine Grünen Leguane lebten.

Diese Beobachtungen werteten die Forscherinnen als Bestätigung der oft angezweifelten Theorie: Die Verfrachtung großer Tiere auf Treibholz ist möglich, und es werden sogar ganze Gruppen derselben Tierart auf neue Inseln verschlagen, wo sie sich erfolgreich ausbreiten können. Was für Tiere durchführbar ist, lässt sich auch auf den Menschen übertragen.

Der norwegische Erlebnisarchäologe Thor Heyerdahl hat mit seinem Balsafloß Kon-Tiki, die Amerikanerin Rebecca Cann mit ihren Erbgutanalysen und der Hawaiianer Nainoa Thompson mit seinem Doppelrumpfkanu „Hawai'iloa" den Beweis dafür erbracht, dass polynesische Seefahrer aller Wahrscheinlichkeit nach bis ins präkolumbische Amerika gelangt sein müssen und dass die polynesische Expansion eine historische Realität darstellt.

Damals muss sich auf den Weltmeeren viel mehr abgespielt haben, als wir uns in unseren kühnsten Träumen vorzustellen wagen. So gab es ohne Zweifel Stützpunkte für frühgeschichtliche Schifffahrtsrouten, von denen

z. B. Thor Heyerdahl einige experimentell ausprobiert hat. Wir Europäer seien Nachzügler auf den Weltmeeren, schreibt der norwegische Ethnologe, dem die Forschung zum Abenteuer wurde und den das Abenteuer zur weiteren Forschung anregte.

Die ersten Amerikaner

Altamerika: ein Flickenteppich von Fundstätten, Kulturen, Rassen und Sprachen

Wie gut, dass die modernen Amerikaner von Immigranten der Neuzeit abstammen und sich längst im Klaren über ihre Herkunft sind. Denn sonst wäre ihr Selbstverständnis zutiefst gefährdet. Wie sie wurden, was sie sind, kann jeder von ihnen in der Vergangenheit seiner Familie nachvollziehen.

Zwischen 1820 und 1930 verließen mehr als 55 Millionen Europäer, darunter auch viele Deutsche, ihre Heimat Richtung Nordamerika. Hungersnot, Arbeitslosigkeit, politische Verfolgung, religiöse Unterdrückung, die Versprechungen von Glück und Wohlstand oder einfach nur die Sehnsucht nach Abenteuern erwiesen sich als die Triebfeder dieser gigantischen Auswanderung in die Neue Welt.

In der Hoffnung auf ein besseres Leben und größere Freiheit schreckten die Emigranten nicht davor zurück, ihre letzte Habe für die riskante Fahrt über den gefürchteten Atlantik in eine ungewisse Zukunft zu opfern. In ihre neue Heimat brachten sie ihre Erinnerungen, ihre Ideale und Träume mit und beeinflussten so die sich erst nach und nach bildende Kulturlandschaft der Vereinigten Staaten. Sie waren nicht nur wichtige Katalysatoren in der Kulturgeschichte der USA, sondern setzten auch ein Zeichen für gelebte Völkerverständigung und weiter voranschreitende Internationalisierung.

Der Mut, alles Vertraute hinter sich zu lassen und ein unbekanntes Wagnis auf sich zu nehmen, gepaart mit Zuversicht und Leidensfähigkeit, zeichnete nicht nur die neuzeitlichen Einwanderer aus, sondern auch die vorgeschichtlichen Immigranten, deren indianische Nachfahren sich heute mit ihrer eigenen Geschichte und vor allem mit der Frage nach ihrer

Herkunft schwer tun, was negative Auswirkungen auf ihr Selbstverständnis hat, das durch die Ungewissheit ihrer eigenen Abstammung beständigen Erschütterungen ausgesetzt ist. Denn in den letzten Jahren haben sensationelle Forschungsergebnisse alles über Bord geworfen, was die bisherige Lehrmeinung als felsenfest angesehen hatte.

Dass der erste Amerikaner ein sibirischer Einwanderer gewesen sein muss, der vor 12 500 Jahren den Weg über die Beringstraße nahm, wird zurzeit von namhaften Archäologen vehement bestritten. Neue Steinzeitfunde belegen in der Tat: Amerika wurde weitaus früher besiedelt als bislang angenommen und auch von verschiedenen Völkern mit unterschiedlicher Herkunft.

Steinzeitmenschen in Südamerika

Forscher entdeckten 1996 bei Santarem im Dschungel Nordbrasiliens eine mit Felsmalereien übersäte Höhle, in der vor 11 200 Jahren Steinzeitmenschen heimisch waren. Die Caverna da Pedra Pintada verblüfft durch ihre verfremdeten Darstellungen. So steht eine Kreatur mit Insektenkopf und Menschengliedern im Mittelpunkt eines Gemäldes, während ein anderes einen Torso abbildet, aus dessen Kopf ein riesiges Zyklopenauge herausstarrt.

Seit über 20 Jahren forscht Tom Dillehay von der Vanderbilt-Universität in Nashville/Tennessee an einer steinzeitlichen Fundstätte an der Südspitze Chiles, die urzeitlichen Wanderern als Raststätte auf dem Weg zwischen der Küste und dem Landesinneren diente. In Monte Verde am Ufer des Chinchihuapi-Flusses barg er unter Torfmoosen eine Fülle von gut erhaltenen organischen Relikten: hölzerne Pflöcke, die zur Befestigung von Zelten gebraucht worden waren, Reste von Fleischmahlzeiten, wilde Kartoffeln und zerkaute Überreste von Heilpflanzen, von denen eine bewusstseinsverändernde Wirkung ausgegangen war. Auch grub er einfache, faustgroße Steine aus, deren Ränder scharfkantig bearbeitet und durch ständigen Gebrauch poliert worden waren. Zudem stöberte er Steinwerkzeuge auf, die frühe Menschen zum Mahlen von Getreide gebraucht hatten, was aus mikroskopisch kleinen Resten von Getreide und Holz ersichtlich ist. Des Weiteren entdeckte er Koprolithen, versteinerte Fäkalien, sowie drei Fußabdrücke, die petrifizierten Spuren eines Jugendlichen mit der Schuhgröße 36, der vor 12 500 Jahren über den weichen Lehm gewandert war. Mit viel Beharrlichkeit und Akribie förderte er die Überreste einer hoch entwickelten Jäger-und-Sammler-Kultur zutage und brachte damit nach jahrelanger zäher Überzeugungsarbeit – erst 1997 erkannten namhafte Wissenschaftler seine Datierungen an – die Clovis-Doktrin zu Fall. Da Monte Verde 12 000 Kilometer südlich der Beringstraße liegt und die ersten Amerikaner unmöglich zur gleichen Zeit in Alaska eingetroffen sein konnten, musste also die Landnahme bedeutend früher erfolgt sein. Davon gibt sich David Meltzer von der Southern Methodist University in Dallas überzeugt: „Die Ankunft der ersten Amerikaner ereignete sich vor über 20 000 Jahren." Demnach müssen die ersten Amerikaner viel früher in die Neue Welt gelangt sein, als es das anthropologische Dogma namens Clovis erlaubte. „Sie sind wohl kaum blitzartig von Alaska nach Patagonien gestürmt", witzelt Dillehay.

Seit seinem Durchbruch in Monte Verde rückt das Alter der Besiedlung Altamerikas unaufhörlich in der Zeit zurück und erreicht vorgeschichtliche Tiefen, die bis noch vor wenigen Jahren einfach undenkbar waren.

In der Tat ist es vor kurzem einem amerikanischen Archäologenteam bei Höhlengrabungen am Amazonas gelungen, Zeugnisse einer bisher unbekannten Frühkultur zu Tage zu fördern, die gängige Theorien über das Leben des Steinzeitmenschen und die Besiedlung Südamerikas in Frage stellen.

So hat Professor Anna Roosevelt vom Chicagoer Museum für Naturgeschichte in einer Höhle am Nordufer des Amazonas in Monte Alegre (Brasilien) gutkonservierte Höhlenmalereien aufgespürt, die mit einem Alter von 14 000 Jahren zu den ältesten Kunstwerken auf dem amerikanischen Kontinent zu rechnen sind. Diese Höhlenmalereien zeigen Fische, Vögel, Rehe und Menschen, die scheinbar zu Insekten, Sternen und Kometen stilisiert sind.

Die Ernährung der ersten Amerikaner

Die Auswertung der „Küchenabfälle" der Höhlenbewohner erbrachte laut Professor Roosevelt klare Beweise dafür, dass das Steinzeit-Weib nicht tumb und träge zu Hause am heimischen Herd hockte, während der Mann als stolzer Jäger unaufhörlich durch die Steppe zog und heroisch Großwild erlegte. Da unter den Knochenfunden auch solche von kleinen und jungen Tieren waren, die durchaus Frauen und sogar Kinder hätten erlegen können, kommt die Archäologin zum Schluss: „In dieser Kultur gab es keine Großwildjäger. Die verkohlten Speisereste legen nahe, dass Männer und Frauen gemeinsam auf die Jagd gingen."

Somit wird das Bild vom männlichen Kämpfertyp, der in der Steinzeit nur mit Speer, Mut und Muskelkraft bewaffnet bei der Großwildjagd Leib und Leben riskierte und dem Mammut, jener riesigen und gefährlichen Eiszeitvariante des Elefanten, die Steinspitze in den unförmigen Zottelpelz rammte, als verlogenes Macho-Klischee entlarvt. In Wirklichkeit kamen die Menschen der Steinzeit an ihre Fleischration, indem sie Tiere mit Netzen erbeuteten, was eine ungefährliche Jagdmethode war. Gemeinsam drängten sie das Wild in die Netzfalle, um es dann mit gezielten Hieben zu erschlagen. Mit dieser Jagdmethode sicherten sich die damaligen Menschen eine ausreichende und konstante Fleischversorgung, die sie mit der aufwändigeren und risikoreicheren Großwildjagd nicht erzielt hätten.

Weil keine Gesellschaftsform ihren Kalorienbedarf nur über Steaks und Gulasch decken kann, wurde auch nach Wurzeln gegraben, Beeren gepflückt und Körner gesammelt. Die Steinzeitfrau war also keineswegs ein unterwürfiges Heimchen am Herd, sondern galt als gleichberechtigt im täglichen Überlebenskampf.

Orientierten sich die Theorien über die Besiedelung Amerikas bisher an den seit 1932–1937 in New Mexico gemachten Funden der Clovis-Spitzen, jenen ausgekehlten Projektilköpfen aus Stein, die auf ein Alter bis zu 11 500 Jahren datiert wurden, so muss gemäß Professor Anna Roosevelt die Frühgeschichte des Kontinents jetzt neu geschrieben werden: „Unsere Funde deuten darauf hin, dass es ganz unabhängig von den paläoindianischen Kulturen Nordamerikas mehr als 8000 Kilometer weiter südlich eine eigenständige Kultur gab." Damit würde sich das bislang bekannte prähistorische Siedlungsgebiet der Erde um 15 Prozent vergrößern.

Die ersten Indianer waren keine Großwildjäger

Die ersten Amerikaner folgten nicht Mammut und Ur-Bison. Das Bild vom stolzen, kühnen und bärenstarken Steinzeitjäger, der sich beherzt den Ungetümen der Vorzeit stellte, müssen die Lehrbücher der Zukunft revidieren. So glaubt James Adovasio vom Mercyhurst College in Pennsylvania fest daran, dass „das Image vom steinzeitlichen Großwildjäger ein Phantasieprodukt der meist männlichen Archäologen und frühen Entdeckungsreisenden ist". In Meadowcraft im Südwesten Pennsylvanias grub sein Team neben menschlichen Relikten eine Million tierische Knochen und 300 000 pflanzliche Überreste aus. Auch stieß es auf Fragmente von Körben, in denen vermutlich Pflanzen, Früchte und Süßwassermuscheln aus dem Ohio River gesammelt wurden, und auf Teile von Fallen, mit denen sich kleineres Wild erwischen ließ. Nur eines fanden die Archäologen nicht: Hinweise auf Großwild, was eigentlich verwunderlich ist, weil der Ort nach Adovasios

Rekonstruktion einer Jagdstation des frühen Holozän in Pennsylvania

Datierungen erstmals vor 16 000 Jahren besucht wurde und seither regelmäßig bis zur Ankunft der Weißen bewohnt war.

„Es war schlicht zu gefährlich", erläutert James Adovasio, „sich auf Großwild zu spezialisieren. Bessere Erfolgschancen hatten diejenigen, die es verstanden, die Ressourcen ihrer Umwelt in ihrer ganzen Breite zu nutzen. Die
Siedler von Meadowcraft aßen Ratten und Hasen, fingen Vögel und ge-
legentlich ein Reh, sie harpunierten Fische und sammelten Früchte, Beeren
sowie Nüsse."

Adovasio stützt hier die Thesen Anna Roosevelts, der Enkelin des früheren
US-Präsidenten, für die nur ein wenig spezialisierter Uramerikaner einen
Sinn ergibt. Denn lediglich ein Siedler, der sich aus Nützlichkeitserwägun-
gen an die jeweilige Nahrungslage anzupassen wusste, konnte damals überleben. Von Roosevelts Warte aus wurde die ethnische Vielfalt der ersten
Amerikaner bislang unterschätzt: „Die Paläoindianer waren kulturell bunter als wir bisher vermuteten."

Dass die ersten Amerikaner keine Großwildjäger waren, lässt sich auch
durch die Tatsache nachweisen, dass die Mammuts nicht durch die Einwirkung der Steinzeitmenschen ausgestorben sind.

Weil schon in der Steinzeit die Menschen möglicherweise mehr Tiere er-
legten, als sie für ihre Bedürfnisse eigentlich benötigten, hätten sie die Mammuts ausrotten können. Für diese Theorie, die die Forschung durchaus
vertreten hat, haben die Clovis-Jäger als die Hauptverdächtigen gegolten.

Diorama der Tierwelt Nordamerikas vor etwa 10 000 Jahren

Sie lebten vor mehr als 10 000 Jahren im Pleistozän und verstanden sich bereits darauf, scharfe Steinspeere herzustellen und diese mit hoher Treffsicherheit zu werfen.

US-Wissenschaftler haben vor kurzem alle bekannten Jagdplätze der Clovis-Kultur untersucht und sind zum Schluss gekommen, dass der Steinzeitmensch keine herausragende Rolle beim Aussterben des Mammuts sowie anderer Tierarten gespielt hat. Von 75 Orten mit gesicherten Kontakten zwischen Menschen und heute verschwundenen Pleistozän-Säugetieren seien nur 14 Stellen – zwölf für Mammuts und zwei für Mastodonten – mit sicheren Hinweisen auf Bejagung im großen Maßstab gefunden worden, schreiben die Wissenschaftler der University of Washington und der Southern Methodist University 2003 im „Journal of World Prehistory": „Dieses Ergebnis bietet wenig Unterstützung für die Annahme, dass Jagd im großen Stil das Hauptkennzeichen der Clovis-Kultur war. Das heißt nicht, dass es solche Jagden nicht gab. Aber es passierte nicht oft." Das Aussterben der Mammuts und weiterer Arten sei eher durch Klimaveränderungen verursacht worden als durch die Einwirkung des Steinzeitmenschen.

Die Neue Welt wird immer älter

Die Funde unter einem Felsüberhang am Cross Creek – einem Nebenfluss des Ohio in Pennsylvanien – belebten die Diskussion um das Alter der ersten Amerikaner neu, als der bereits erwähnte Anthropologe James Adovasio und sein Assistent R. C. Carlisle eine Geschossspitze aus Stein entdeckten. Das Alter der Fundschicht: 17 650 v. Chr. Die beiden Wissen-schaftler argumentierten 1984 so: „Wenn Indianer um 17 000 v. Chr. bis an den oberen Ohio vorgedrungen waren, dann müssen ihre Ahnen die Land-brücke zwischen Asien und Amerika 2000 bis 3000 Jahre zuvor überquert haben."

Ihnen widersprach damals der Deutschamerikaner Professor Reiner Protsch von der Universität Frankfurt. Der Paläoanthropologe war der Mei-nung, Adovasio habe die horizontale Ausbreitungszeit der Indianer von Alaska bis an den Ohio nach Osten als zu gering angesetzt. Reiner Protsch führte aus: „Die horizontale Ausbreitung – die vertikale ging rascher vor sich – der Rothäute über Nordamerika dauerte länger als 3000 Jahre. Realistisch ist als frühester Besiedlungszeitpunkt Nordamerikas die alte Yukon-Datierung 30 000 Jahre."

In Cactus Hill im Ostküstenstaat Virginia ausgegrabene Speerspitzen und Steinmesser verweisen auf europäische Ursprünge. Diese 20 000 Jahre alten Artefakte ähneln den Steinwerkzeugen der so genannten Solutréen-Kultur, die zeitgleich auf der anderen Seite des Atlantiks in Spanien und Südfrank-reich entstand. Zu dieser merkwürdigen Ähnlichkeit befragt, äußerte sich der Anthropologe Dennis Stanford vom National Museum of Natural His-tory wie folgt: „Die einzelnen Schritte bei der Fertigung dieser Werkzeuge gleichen sich frappierend. Ein Zufall ist ausgeschlossen." Womit die These von der europäischen Herkunft der einst in Cactus Hill tätigen Einwanderer neuen Auftrieb erhält.

1971 fand man zufällig in der Andenhöhle Pikimachay bei Ayacucho in Peru die Knochen eines Riesenfaultiers und eine Pfeilspitze. Das Faultier war 20 000 Jahre alt. Der Jäger, der das Tier tödlich getroffen hatte, musste also auch vor 20 000 Jahren gelebt haben.

Und die Wissenschaftler folgerten weiter: Wenn in Südamerika zu diesem Zeitpunkt schon Menschen gejagt haben, dann müssen im Nordteil des Kontinents die ersten Indianer mindestens 10 000 Jahre früher gesiedelt haben.

Bereits 1969 hatten der Kanadier Richard Morlan vom Denkmalamt Ottawa und Professor Julius Irving, Urgeschichtler der Universität Toronto, im Yukon-Delta in Alaska Tierknochen entdeckt, die 27 000 Jahre alt waren. Die Sensation waren weniger die Knochen als ein ebenfalls gefundener „Flesher", ein Werkzeug zum Entbeinen der Jagdbeute. Morlan und Irving meinten damals: Vor 27 000 Jahren lebten die ersten Amerikaner in Alaska. Ihr Pech war, dass ein Teil der Fachwelt diese Datierung nie anerkannt hat. Sie behauptet noch heute, dass der „Flesher" aus jüngerer Zeit stammen müsse.

Der „Fuß des Teufels" und andere Funde aus Mexiko

Weitere Steinzeitfunde der letzten Jahre beweisen: Die Menschen kamen noch früher nach Amerika und die Geschichte der präkolumbischen Neuen Welt ist weit vielfältiger als bisher vermutet.

In einem verlorenen Flecken, dem 3000-Seelen-Örtchen Santo Tomas Jalieza in Oaxaca, einem der ärmsten Bundesstaaten Mexikos, fand Josef Otto 2005 eine in Vulkangestein konservierte, bis zu 30 000 Jahre alte menschliche Spur. Ihr Entdecker ist Direktor von Stonewatch, einer privaten Organisation, die sich weltweit der Dokumentation und dem Schutz vor- und frühzeitlicher Felsbilder verschrieben hat. Er jubilierte über den „Pie del Diablo", den „Fuß des Teufels", wie Einheimische verschämt den Fußabdruck der Schuhgröße 34 bezeichnen: „Der ‚Pie del Diablo' ist eines der ältesten direkten Zeugnisse des Menschen auf dem amerikanischen Doppelkontinent."

Touristen werden sich kaum hierher verirren, wo im Sommer eine brütende Hitze von 45 Grad Celsius herrscht, vom Wind aufgewirbelter Grob- und Feinstaub in Mund und Nase eindringt, die Frauen im Schatten der Bäume bunte Teppiche und Decken weben, die Menschen seit alters den Anbau von Bohnen, Mais und Agaven pflegen, aus denen Mezcal-Schnaps gebrannt wird. Sogar die Mayas hinterließen in dieser gottverlassenen Gegend keine prächtigen Bauten. Erst 35 Kilometer westlich stößt man auf die ersten Spuren einer altindianischen Hochkultur, auf Monte Alban, die heilige Totenstadt der Zapoteken.

Vor 25 000 bis 30 000 Jahren überzog ein heute nicht mehr eindeutig nachweisbarer Vulkan die gesamte Region mit einer Ascheschicht unterschiedlicher Mächtigkeit. Zeitgleich goss es in Strömen, wodurch der Ascheauswurf zu Brei wurde. Als der vorgeschichtliche Wanderer sich durch den Schlick fortbewegte, drückten seine Füße die schlammige Masse in einem Wulst aus dem Tritt. Eine linke Trittspur ist bis heute vollständig erhalten geblieben, wohingegen ein rechter Abdruck sich nur erahnen lässt. „Die restliche Spur ist verloren gegangen – wahrscheinlich als Baumaterial abgetragen", erklärt Stonewatch-Direktor Josef Otto: „Olmeken, Zapoteken sowie die danach kommende Bevölkerung nutzten das verwitterte, poröse und leicht zu bearbeitende Tuffgestein, um damit ihre Häuser und Siedlungen zu bauen. Die alte Zapoteken-Metropole Monte Alban ist ein Beispiel dafür."

Somit dürfte der Beweis dafür erbracht sein, dass hier bereits Urzeiten vor den Azteken und Mayas, lange bevor die Ahnen der heutigen Indianer über die Beringstraße nach Nordamerika einsickerten, Menschen ihr

Körpergewicht als Trittspur in feuchten Lavabrocken verewigt hatten. Woher der Mensch gekommen war, dessen Spur über Jahrtausende im vulkanischen Tuff haltbar blieb, und welchem Volk er zuzuordnen ist, bleibt zurzeit noch ungeklärt.

„Unser Arbeitsgebiet ist interessanter geworden", ereifert sich der Anthropologe Tom Dillehay. „Ideen, die zuvor als lächerlich galten, werden jetzt ernsthaft diskutiert. In das neue Bild des vorgeschichtlichen Amerika fügt sich die versteinerte Spur eines Menschen trefflich, der vor 25 000 bis 30 000 Jahren über regennasse Vulkanasche ging. Noch muss allerdings das archäologische und geologische Umfeld der Abdrücke untersucht werden."

In Mexiko stießen Wissenschaftler des nationalen Forschungsinstituts für Anthropologie und Geschichte, kurz INAH genannt („Instituto Nacional de Antropologia e Historia"), während einer Ausgrabung auf einer Ranch bei der Stadt San Luis Potosi auf Stein- und Knochenwerkzeuge, deren Entstehung sie auf eine Zeit vor 33 000 Jahren ansetzten.

In Chimalhuacan im Bundesstaat Mexiko spürten die INAH-Forscher Schädelknochen von Menschen auf, deren Alter sie ebenfalls auf 33 000 Jahre datierten.

Bei dem Ort Puebla, 120 Kilometer südlich von Mexico City, hat ein Team mexikanischer und britischer Archäologen in Seeablagerungen und vulkanischer Asche 269 menschliche Fußabdrücke aufgespürt, die aus der Zeit vor 38 000 bis 39 000 Jahren stammen. Nach den Erkenntnissen der Forscher aus Liverpool und Bournemouth wurden die Trittspuren von mindestens zwei Erwachsenen und zwei bis vier Kindern hinterlassen, die sich zu drei verschiedenen Zeitpunkten im Abstand von einigen Wochen oder Monaten im weichen Boden am Ufer des Valsequillo-Sees fortbewegt hatten. Nach jedem dieser Spaziergänge waren die Fußabdrücke durch vulkanische Asche überdeckt worden, die der nahe Vulkan Tolukuilla ausgeworfen hatte. Auf diese Art und Weise wurden die durch das jeweilige Körpergewicht hervorgerufenen Vertiefungen im weichen Uferboden aufgefüllt und bis heute konserviert. Insgesamt erwiesen sich die Vulkanablagerungen als zwei bis vier Meter mächtig, wobei die Fußspuren im Bereich der obersten 20 Zentimeter lagen. Darüber lagerten noch einmal zwei bis drei Meter Sedimente aus Phasen, als der See einen höheren Wasserstand hatte. Außer den menschlichen Fußabdrücken sichteten die Archäologen zudem Fußstapfen von Wild, Kamelen, eines Wolfs und einer Großkatze, mutmaßlich eines Pumas.

Das bis vor kurzem noch als zweifelsfrei angesehene Ergebnis der Datierung erhielten die Forscher dank zweier unterschiedlicher Methoden, der Radiokarbonmethode und der so genannten Optisch Stimulierten

Lumineszenz (OSL), die beide in den unabhängig erhaltenen Resultaten übereinstimmten.

Sylvia Gonzalez und Dave Huddart von der John-Moores-Universität Liverpool und Mathew Bennett von der Universität Bournemouth präsentierten ihre Untersuchungen und Datierungen erstmals am 4. Juli 2005 vor der Wissenschaftsorganisation Royal Society in London.

„Die Entdeckung der Fußspuren in Mexiko ist wichtig, weil sie zeigt, dass die Ausbreitung der Menschheit über die Erde viel schneller verlief als zuvor gedacht", bemerkte Sylvia Gonzalez. „Zudem macht die Geschwindigkeit der Ausbreitung klar, dass sich unsere Vorfahren viel schneller und leichter an neue Umgebungen anpassten, als wir gedacht hatten."

Das britisch-mexikanische Team unter der Leitung von Sylvia Gonzales musste jedoch Ende 2005 einen schweren Rückschlag verkraften. Laut der angesehenen Wissenschaftszeitschrift „Nature" soll der Untergrund, in dem die angeblich knapp 40 000 Jahre alten Fußspuren hinterlassen wurden, in Wirklichkeit 1,3 Millionen Jahre alt sein und demnach aus einer Zeit stammen, in der es den modernen Homo sapiens noch nicht gab. Dass dessen Vorfahre, der Homo erectus, bereits damals den Marsch aus Afrika über Sibirien bis nach Mexiko hätte überleben können, ziehen aber die meisten Anthropologen stark in Zweifel. Paul Renne, amerikanischer Geochronologe der Stanford-Universität in Kalifornien und Co-Autor des „Nature"-Beitrags, ist deshalb der Meinung, dass die Fußabdrücke sich als die modernen Spuren von Werkzeugen erweisen, die man für Arbeiten in einem nahen Steinbruch eingesetzt habe. Gegen das Team um Gonzales erhebt er zudem noch den ernsten Vorwurf, es habe für seine Datierungen auf die Radiokarbonmethode zurückgegriffen, obwohl es gewusst habe, dass die untersuchten Fußspuren lange Zeit vom Wasser eines Sees bedeckt gewesen seien. Bekanntlich führe diese Altersbestimmung bei Süßwassermaterial zu gravierenden Fehlern in der Datierung. Welcher Kontrahent die Kontroverse um den Zeitpunkt der ersten Besiedlung Mexikos zu seinen Gunsten beenden wird, hängt ausschließlich davon ab, wer zu guter Letzt im Besitz der besseren Argumente für seine Altersbestimmung der Fußabdrücke ist.

Mexikanische Forscher haben auch von Menschen bearbeitete Muscheln entdeckt, die nach ersten Untersuchungen 40 000 Jahre alt sind. Sie seien damit die ältesten Hinweise menschlicher Präsenz in Mexiko, berichtet die Fachzeitschrift „Arqueologia Mexicana". Die Muscheln seien 1996 und 2001 in einem Brunnen der Insel Espiritu Santo entdeckt worden, rund 30 Kilometer nördlich der Hafenstadt La Paz. Die Funde zählen zu den ältesten menschlichen Spuren auf dem amerikanischen Kontinent überhaupt.

„In Mexiko lässt sich durch viele archäologische Ausgrabungen eine neue Besiedlungszeit belegen, die früher liegt als bislang angenommen", folgert die INAH-Anthropologin Lorena Mirambell aus all diesen Zeugnissen frühester amerikanischer Siedler auf mexikanischem Boden.

Die Steinzeitwerkzeuge von Llullaillaco

Eine Gesteinsablagerung, die im Januar 1988 im Nordosten Argentiniens gefunden wurde, birgt möglicherweise die ältesten steinzeitlichen Zeugnisse Südamerikas. Nach Ansicht des Wissenschaftlers Julio Goyen Aguado, Präsident des argentinischen Zentrums für Höhlenforschung und Leiter der Expedition, die die Steinzeitfunde entdeckt hat, ist der Beweis dafür erbracht, dass es schon vor 40 000 Jahren Menschen in Amerika gegeben hat. Bisher hatte die Forschung das Auftreten des Menschen auf einen Zeitraum von vor 10 000 bis 30 000 Jahren datiert.

Die Expedition hatte im Gebiet des Llullaillaco-Vulkans an der argentinisch-chilenischen Grenze den Zugang zu einer geheimnisvollen Höhle gesucht, die einst den Inkas als Heiligtum galt und die der deutsche Wissenschaftler Michael Jörg 1932 in dem Buch „Gefangener des Llullaillaco" beschrieben hatte. In 5600 Metern Höhe entdeckten die Forscher den Eingang zu der Höhle, die als eine der größten Berghöhlen der Welt gilt.

Ein Teil der Gruppe untersuchte Gesteinsablagerungen an den Hängen des Vulkans Morado und fand scharfkantige Steine, die ganz offensichtlich von Angehörigen einer primitiven Kultur bearbeitet worden waren. „Diese Steine", so der Wissenschaftler Ibarra Grasso, „sind die Reste einer Kultur, die vielleicht die älteste von ganz Südamerika ist. Kennzeichnend für sie ist, dass die Menschen die Steine nicht zerschlugen, um sie als Instrumente zu benutzen, sondern sich geeignete aussuchten und sie schärften."

Das Gebiet von Llullaillaco war einst das Ufer eines großen Sees, der heute zu einem kleinen Salzsee geschrumpft ist. An einigen Stellen der Hänge gibt es Spuren, die die Brandung hinterlassen hat. Wie Jahresringe zeigen sie, wie der See allmählich ausgetrocknet sei, ohne dass man den Vorgang bisher genau datieren könne, erläutert Ibarra Grasso, der Gründer der archäologischen Museen von Potosi auf Chuquisaca in Bolivien. Zudem betont er, dass die Entdeckung der Steinzeitwerkzeuge von Llullaillaco die in Argentinien weit verbreitete nordamerikanische These über den Haufen wirft, die das Auftreten des Menschen in Amerika vor etwa 12 500 Jahren annimmt. Auch wenn das gefundene Material bisher erst oberflächlich untersucht worden sei und die örtliche Erosion die Ausgrabungen erschwere, stehe fest, dass es Schab- und Schneidegeräte seien. Die gefundenen Steinwerkzeuge dienten vermutlich dazu, Holz zu bearbeiten, Häute abzuschaben und Äste des in großen Höhen wachsenden Kenua-Strauches abzuschneiden, aus denen die Menschen ihre Hütten bauten.

Die Fundstelle der Steinzeitwerkzeuge liegt etwa 4500 Meter hoch. Nach Ansicht der Wissenschaftler war dort ein vorübergehendes Lager während der Sommermonate. Vergleichbare Funde gab es in der Sierra del Mar Paso in Argentinien und in der Sierra Acegua in Uruguay. „Alle diese Funde zeigen uns, dass es eine primitive Kultur in Amerika gab, deren Alter mehr als 40 000 Jahre beträgt", sagt Grasso.

Schiffbrüchige aus Afrika als Ahnen eines Kontinents?

Vor Erschöpfung können sie sich kaum noch an dem schwankenden Floß festhalten. Als die starken Wellen es ans Ufer spülen, gelingt es den überlebenden Männern und Frauen, sich mit letzter Kraft an Land zu hieven. Ein unerwartet aufgekommener Sturm hatte die Fischer vor der Küste Afrikas überrascht und sie aufs hohe Meer verschlagen, wo sie sich von Tang und Fischen ernährten und Regenwasser sie vor dem Verdursten bewahrte. Das unbekannte Land, an dessen Strand sie geworfen wurden, wird zur neuen Heimat erkoren. Der Erdteil, zu dem diese Terra Incognita gehört, ist zu diesem Zeitpunkt noch namenlos. Erst 48 000 Jahre später wird er Amerika getauft.

Eine derartige Odyssee ist auch heutzutage noch möglich. „Vor ein paar Jahren", erinnert sich die brasilianisch-französische Archäologin NIède Guidon, „trugen Wind und Strömungen ein Boot von der Küste Afrikas über den Atlantik bis nach Brasilien. Drei Monate dauerte die unfreiwillige Irrfahrt. Von drei Fischern überlebten zwei." Die tatkräftige Forscherin vom „American Man Museum" in Sao Raimundo ist davon überzeugt, dass der erste Amerikaner kein Großwildjäger war, der vor mehr als 12 000 Jahren zu Fuß über die damals verlandete Beringstraße wanderte und sich nach und nach den Doppelkontinent erschloss. Sie stützt ihre Auffassung auf jüngste Funde in der „Schlucht der Bilder" im Nordosten Brasiliens, einem Tal im Nationalpark Serra da Capivara, in dem vorgeschichtliche Künstler sich mit außergewöhnlichen Felsmalereien verewigten. In der „Schlucht der Bilder" grub die Archäologin auch Werkzeuge, Waffen, verkohlte Tierknochen, Pflanzenreste und Relikte von Feuerstellen aus.

Seit 1978 sichtete sie dort Dutzende von Felshöhlen, in denen sie etwa 400 Stellen mit 30 000 Felszeichnungen erfasste. Mit Hilfe der so genannten

Radiokarbonmethode, bei der das Verhältnis verschiedener Kohlenstoff-isotope in organischen Materialien gemessen wird, woraus sich das Alter von Fundstücken errechnen lässt, ließ sie Aschereste untersuchen, die aus Feuerstellen im Erdreich bei den Felsmalereien an der Toca do Boqueirao da Pedra Furada (oder einfach Pedra Furada) stammen, einer Felsforma-tion mit einem Loch in der Mitte, und kam dabei zu dem überraschenden Schluss, die steinernen Behausungen seien rund 50 000 Jahre alt.

Die Fundstätte an der Pedra Furada ist ein großer bemalter Felsüber-hang, 70 Meter breit und an einer Stelle 18 Meter tief. Um Klarheit über das wirkliche Alter der Felsmalereien zu erhalten, ließ Niède Guidon zwischen 1978 und 1985 am Boden der bemalten Wände graben, wo ihr Team auf Steinartefakte und Beweise für Herdstellen in Form von Holz-kohlenresten stieß. Als 1985 schließlich der Felsuntergrund drei Meter unter den Sedimenten erreicht wurde und das Laborergebnis von 48 000 Jahren für die in der tiefsten Schicht gefundene Holzkohle vorlag, war die Archäologin bestürzt und glaubte zuerst an einen Fehler bei der Datierung. Als aber eine Nachprüfung das ihr ungeheuerlich erscheinende Datum be-stätigte, wusste sie sofort, dass aufgrund ihrer Entdeckung die Fachwelt in helle Aufregung geraten und sie größtenteils anfeinden würde.

„Neben Asien und Afrika galt Amerika bislang als junger Kontinent", erläutert Niède Guidon. „Jetzt zeigt es sich, dass die Neue Welt nicht viel jünger ist als andere Kontinente."

Viele nordamerikanische Forscher können sich mit den Ansichten der brasilianisch-französischen Archäologin, jener entschiedenen Verfechte-rin einer frühzeitigen Besiedlung des Kontinents, nicht anfreunden. Ob-wohl die meisten Kritiker von der Voraussetzung ausgehen, dass die Radiokarbondatierungen korrekt sind, zweifeln sie an der menschlichen Einwirkung auf die Holzkohle, die sie als natürliches Abfallprodukt von Waldbränden und Blitzschlägen ansehen. Auch die Pedra-Furada-Stein-werkzeuge halten sie lediglich für einfache Felsbrocken, die sich von der Felsendecke lösten und beim Aufprall auf den Boden derart aufgespalten wurden, dass man in ihnen menschliche Handarbeit sehen kann.

Ende 1993 fanden sich auf Einladung von Niède Guidon drei führende nordamerikanische Archäologen an der Pedra Furada ein, um sich die Fundstelle mit eigenen Augen genau anzusehen. Zwei von ihnen, James Adovasio und Tom Dillehay, hatten selbst Ausgrabungen an über 12 000 Jahre alten Fundorten getätigt und damit die Lehrmeinung der „Clovis First"-Theorie unterhöhlt. Der Dritte im Bunde war David Meltzer, der sich schon seit langem in die Debatte über die Beweise für eine frühe Er-schließung Amerikas eingeschaltet hatte. Die drei Besucher vermochten an

Ort und Stelle keine Entdeckung zu machen, die sie als eine Folge menschlicher Tätigkeit deuten konnten, weder die Holzkohlenreste noch die vermeintlichen Steinartefakte. Erstere werteten sie als das Ergebnis von natürlichen Buschfeuern, Letztere als das Resultat des Splitterns oder Zerbrechens von Steinbrocken beim Aufschlag auf den Boden des Felsüberhangs.

Dieser harschen Kritik widersetzte sich Niède Guidon heftig, indem sie darauf hinwies, dass es in der ganzen Umgebung der Pedra Furada keinerlei Anzeichen für natürliche Feuer gebe und dass werkzeugähnlich zerbrochene Steine (hier handelte es sich um Quarzitstücke) nicht einfach dadurch erzeugt werden können, dass man Steine aus beträchtlicher Höhe auf eine harte Unterlage fallen lässt.

Sie ist also nicht der Meinung, dass sie aus dem Abfall der Natur eine menschliche Einwirkung als Trugbild heraufbeschworen hat, sondern bleibt nach wie vor felsenfest davon überzeugt, dass die von ihr aufgespürten Holzkohlenreste und Quarzitbrocken die Anwesenheit von Menschen in ferner Vergangenheit enthüllen.

Die Felsmalereien, die die Wissenschaftlerin erst zum Teil entschlüsselt hat, beinhalten Jagdszenen, Ureinwohner beim „Gruppensex" und eine Hinrichtung. Brasiliens heute trockener Nordosten war damals, so offenbaren die Felszeichnungen, eine tropische Feuchtzone mit Urwald und Savanne, die Säbelzahntiger größer als Ochsen unsicher machten. Die Bäume des damaligen Regenwaldes bevölkerten acht Meter große Faultiere.

Trotz vieler Anfeindungen bleibt die brasilianisch-französische Archäologin dabei, dass „Banden von Steinzeitlern – Nachkommen von Fischern aus Asien und Afrika – die ‚Schlucht der Bilder' vor 48 000 Jahren besuchten". Mit ihren zeitlichen Vorstellungen hat die Wissenschaftlerin den Gedanken verbunden, dass die ersten Immigranten Amerika nicht über die Beringstraße, sondern auf dem Seeweg erreichten und dabei von überallher kamen.

50 000 Jahre alter Grillplatz

Das Allendale County im US-Bundesstaat South Carolina zeichnet sich durch großbäuerliche Kulturflächen aus, die als typische Südstaatenlandschaft mit unendlichen Baumwollfeldern bis zum Savannah reichen, dem Grenzfluss zu Florida, wo es urwüchsiger zugeht. An dessen Nordostufer wölben sich von knorrigen, moosbewachsenen Eichen begrünte Hügel. In diesem vom Savannah gesäumten Waldgebiet grub sich Albert Goodyear, renommierter Archäologe und Anthropologe von der University of South Carolina (USC), seit 1981 immer tiefer vor, „ins Erdreich und in die Urgeschichte Amerikas", wie Ulli Kulke in der Tageszeitung „Die Welt" zu berichten weiß: „'Topper Site' heißt der Platz; benannt nach einem Forstmann, der Archäologen alarmiert hatte, hier sei was zu holen. Der Ort schien schlüssig, angenehm für Ur-Amerikaner: komfortables Klima, fischreicher Fluss, wildreicher Wald."

Meter um Meter arbeiteten sich die Forscher in den Waldboden vor, wo sie auf mehrere Holzkohleschichten und Steinwerkzeuge stießen. Bei Messungen einer Holzkohleschicht und mehrerer Steindolche aus vier Metern Tiefe ergaben die Radiokarbondatierungen 50 000 Jahre plus X, woraus sich folgern lässt, dass die Objekte dieser Sedimentschicht aus einer Zeit stammen, als die letzte Eiszeit vor einem halben Jahrhunderttausend ihren Höhepunkt erreicht hatte. Hiermit landete Albert Goodyear einen unerhörten Coup d'Eclat, durch den er die gesamte Riege der US-Vorgeschichtler aufscheuchte. In der Tat schraubte er das Alter der ersten Amerikaner „auf das Vierfache der bisherigen Schulweisheit" (Ulli Kulke) hoch, die besagt, dass alle Vorfahren der Indianer Nordamerikas vor 12 000 Jahren über die Beringstraße nach Alaska gelangten.

Toter Elefant weist Forschern die Spur der Ur-Amerikaner

In diesem Zusammenhang ist es auch erwähnenswert, dass ein toter Elefant den Forschern geholfen hat, die Spur der Ur-Amerikaner aufzunehmen. Für den Franklin Park Zoo in Boston war das Ableben der 23 Jahre alten Elefantenkuh Ginsberg sicher ein herber Verlust.

Eine Gruppe kanadischer und amerikanischer Archäologen dagegen profitierte davon: Ihnen gab der Kadaver die Möglichkeit zu Versuchen über die Herstellung von Werkzeugen aus Knochen und das „Auswerten" von Großsäugern, mit denen sie prähistorische Funde besser datieren zu können hofften.

Das klingt zwar grausam, hat aber für die Archäologie große Bedeutung, verteidigten Dennis Stanford und sein Team in der Zeitschrift „Science" die Arbeiten: Die Ergebnisse stützen die – bislang umstrittene – These, wonach Nordamerika schon vor 50 000 Jahren von prähistorischen Jägern besiedelt wurde, die Knochenwerkzeuge für das Ausschlachten von Mammuts, Bisons und anderen Großsäugern jener Zeit benutzten.

Zumindest die Fundstätte am Old Crow River in Yukon, etwa 900 Kilometer von der Beringstraße entfernt, ist wohl älter als 50 000 Jahre. Die dort

Der amerikanische Archäologe Dennis Stanford zerlegt eine Elefantenkuh mit einem rekonstruierten Steinzeitmesser

gefundenen zerbrochenen Knochen wurden bisher nicht menschlichem Einfluss zugeschrieben. Die Wissenschaftler fertigten jetzt – wie wahrscheinlich auch die Vorzeitjäger – durch Zerschlagen mit Steinen aus den Knochen der Elefantenkuh primitive Messer, mit denen sich das Fleisch zerlegen ließ. Die messerähnlichen Knochensplitter glichen jenen, die in Yukon und Colorado gefunden worden waren.

Nur das Schärfen war schwierig. Dennis Stanford und seine Mitarbeiter nehmen deshalb an, dass die prähistorischen Jäger ihre „Messer" wegwarfen, sobald sie stumpf geworden waren.

Immerhin glauben sie, mit Hilfe der Elefantenkuh Ginsberg nachgewiesen zu haben, dass am Yukon die ersten Amerikaner schon vor 50 000 Jahren ihre Beutetiere ausschlachteten.

Wenn Grabungsfunde am Old Crow River in Yukon im hohen Norden Alaskas, am Savannah („Topper Site") in South Carolina und an der Pedra

Furada im Nordosten Brasiliens belegen, dass an drei weit auseinander liegenden Orten die Besiedelung der Neuen Welt mindestens 50 000 Jahre zurückdatiert werden muss, dann drängt sich eindeutig eine Neuschreibung der Vorgeschichte Amerikas auf.

Die Meister des Obsidians waren nicht die Ersten

Die vor allem von US-Archäologen vertretene Lehrmeinung, dass Amerika vor höchstens 15 000 Jahren bevölkert wurde, basiert auf den Siedlungsspuren, die die Clovis-Kultur in Neumexiko vor 11 500 Jahren hinterlassen hat. Weil die besonders geformten Speerspitzen dieser Kultur über ganz Nordamerika verbreitet sind und ältere Erdablagerungen während langer Zeit keinerlei Werkzeug preisgegeben hatten, folgerten die Wissenschaftler, dass die „Clovis-Menschen" die ersten waren, die trockenen Fußes von Asien über die damals vereiste Beringstraße nach Alaska einwanderten.

Die „Clovis First"-Theorie vom ersten Amerikaner lässt sich aber heute nicht mehr aufrechterhalten, wie unsere chronologische Liste der neuesten Fundstätten quer durch den Doppelkontinent zweifelsohne beweist.

„Die US-Amerikaner wollen nicht akzeptieren, dass Menschen mit einfacher Technologie schon viel früher bis nach Südamerika vorgedrungen sind", meint der kanadische Archäologe Alan Bryan von der University of Alberta. „Alles, was nicht in die Clovis-Theorie passt, wird wegerklärt."

Die Debatte über die ersten Amerikaner ist längst zu einem heftigen Streit zwischen anglophilen nordamerikanischen und hispanophilen lateinamerikanischen Wissenschaftlern eskaliert. Alles dreht sich um die Gretchenfrage: Welches Amerika war zuerst bewohnt? Gab es eine unabhängige Erschließung auch vom Süden aus oder besitzt die Beringstraßentheorie allein Gültigkeit?

Bislang ignorierte das reiche und eitle Nordamerika die sensationellen Forschungsergebnisse der Archäologen aus Mittel- und Südamerika, die von den „Besserwissern" aus den USA als Kollegen minderer Güte angesehen wurden. Fanden sie Hinweise auf eine frühere, selbstständige Besiedlung Lateinamerikas über den Seeweg, warteten sie mit außergewöhnlichen Resultaten auf, wurden diese als Schaumschlägerei abgewertet. Dazu kam noch die sprachliche Schranke, die eine Verständigung zwischen Norden und Süden erschwert. „Wir durchdringen die englische Sprachbarriere nicht", beschwerte sich unlängst der mexikanische Anthropologe Gustavo Vargas, der auf Beweise für einen vorgeschichtlichen Austausch zwischen Amerika und China gestoßen sein will, über das respektlose Gebaren der US-Forscher. Diese würden sich nicht einmal dazu bequemen, die Fundstellen in Lateinamerika persönlich in Augenschein zu nehmen.

Die „Clovis First"-Theorie, die bisher unter den nordamerikanischen Anthropologen als unumstößliches Dogma galt und jedes fortschrittliche Denken abwürgte, ist ins Wanken geraten. Es dürfte nur noch eine Frage der Zeit sein, bis sie endgültig zerschmettert daniederliegt.

Schmelztiegel Altamerika

Dass bereits früh Menschen unterschiedlicher geographischer Herkunft den Erdteil zu Land und zu Wasser erreichten, wird heute nicht mehr bestritten: Mongoliden, die in den drei Einwanderungswellen der Amerind, Na-Dene und Eskimos über die verlandete Beringstraße von Asien bis nach Alaska gelangten; kaukasoide Indo-Europäer, die von Südfrankreich oder Spanien über die Nordatlantik-Route bis nach Nordamerika vordrangen; Polynesier, die aus der Südsee bis nach Südamerika segelten; australische Aborigines, die über Asien auf bislang ungeklärte Weise den Weg in die Neue Welt fanden; chinesische Seefahrer, die Großreisen übers Meer unternahmen und Wind und Wellen trotzten, sowie afrikanische Fischer, die durch Stürme über den Ozean verschlagen wurden …

In der Tat erweist sich Altamerika als ein Flickenteppich von Fundstätten, Kulturen, Rassen und Sprachen. Die Befunde sprechen dafür, dass verschiedene Bevölkerungsgruppen mannigfaltiger Abstammung etliche Jahrtausende lang gleichzeitig auf dem amerikanischen Doppelkontinent lebten. Die sibirischen Immigranten errangen schließlich die Alleinherrschaft über die gewaltige Landmasse. So ergaben genetische Untersuchungen an nord- und südamerikanischen Indianerstämmen sowie an sibirischen Eingeborenen bislang, dass die heutigen Ureinwohner Amerikas ausschließlich mongoliden Bevölkerungen Nordsibiriens entstammen.

Was den genauen Zeitpunkt der sibirischen Einwanderung anbelangt, wollen die Molekularbiologen sich nicht präzis festlegen. Aus ihrer Sicht erfolgte diese Immigration vor 20 000 bis 35 000 Jahren.

Bereits in der Vorgeschichte galt die Devise „Make love, not war"

Auf die vorgeschichtliche Anwesenheit der kaukasoiden Europäer weist heute nur noch eine auffällige Genkonstellation hin: der X-Marker, den Theodore Schurr von der Emory-Universität in Atlanta bei nordamerikanischen Indianerstämmen aufspürte. Da dieses Merkmal sonst nur bei einigen skandinavischen Bevölkerungsgruppen, den Türken und den Ainu vorkommt, kann man mit Gewissheit von der Voraussetzung ausgehen, dass die Sibirier in Amerika die Kaukasier nicht ausrotteten, sondern sich friedlich mit ihnen vermischten, was ein Anthropologe auf die saloppe Formel gebracht hat: „Ihre Devise war ‚Make love, not war'."

Forscher verschiedener US-Universitäten malten 1998 auf der 150. Jahrestagung der Amerikanischen Wissenschaftsgesellschaft (American Association for the Advancement of Science (AAAS)) ein neues, buntes Bild vom vorgeschichtlichen Schmelztiegel Amerika. Danach wurde Amerika nicht nur bereits vor mindestens 40 000 Jahren besiedelt, sondern auch von Menschen verschiedenster biologischer und geographischer Herkunft in Besitz genommen.

Die Sprachforscherin Johanna Nichols (Berkeley) sah sogar Anhaltspunkte dafür, dass die Zuwanderung überwiegend von Südamerika erfolgte und sich dann über Jahrtausende gegen Norden ausdehnte. Ihre Theorie entwickelte sie aus einer Untersuchung der 150 verschiedenen Sprachen amerikanischer Indianerstämme. Diese brauchten rund 40 000 Jahre, um sich sprachlich so weit voneinander zu entwickeln, rechnete die Sprachforscherin hoch. Ihre Zeitvorgabe wird in der Tat von jüngsten archäologischen Funden unterstützt.

Auf derselben Jahrestagung in Philadelphia berichtete Rob Bonnichson von der Oregon State University von gut 12 000 Jahre alten Mammutknochen und Steinwerkzeugen, die jüngst in Wisconsin entdeckt wurden. In Ton erhaltene Fingerabdrücke aus der Pendejo-Höhle in New Mexico seien wenigstens 13 000 und in Virginia geborgene Pfeilspitzen wahrscheinlich 16 000 Jahre alt.

Anderenorts wurden noch kühnere Hypothesen vertreten. So glaubt der Privatforscher Philip Flörke aus Bogota, dass bereits vor 300 000 Jahren eine „dunkelhäutige Homoerectus-Gruppe" von Afrika aus mit Flößen in Lateinamerika landete.

DIE VERGESSENEN VORFAHREN

Der lange Weg von primitiven
Jägerhorden bis zu den ersten indianischen
Hochkulturen Nordamerikas

Die ersten Menschen aus Asien kamen vor mehr als 40 000 Jahren trockenen Fußes über die Beringstraße nach Alaska, über jene interkontinentale Landbrücke, die sich bildete, als durch die Eiszeit immer mehr Wassermassen in Form von Gletschern gebunden wurden und dadurch der Spiegel der Ozeane allmählich um hundert Meter oder mehr absank. Die so entstandene feste Landverbindung zwischen zwei Kontinenten war kein schmaler Laufsteg, sondern eine riesige steppenartige Flachlandschaft, auf der die nordostasiatischen Einwanderer sich vom damals reichlich vorhandenen Wild in die Neue Welt locken ließen, die sie verhältnismäßig schnell und kontinuierlich in Besitz nahmen. Doch wie gelang es den Vorgängern des Kolumbus, innerhalb weniger Jahrtausende den 42 Millionen Quadratkilometer großen Doppelkontinent zu erschließen?

Die Ausbreitung der ersten nomadischen Jäger

„Was nun die Vermehrung der ersten Immigranten betrifft, so sind äußerst scharfsinnige Rechnungen aufgestellt worden, die C. Vance Haynes jr. 1966 zusammenfasste", schreibt C. W. Ceram in seinem Buch „Der erste Amerikaner. Das Rätsel des vorkolumbischen Indianers":

„Nach ihm kann sich tatsächlich eine Horde von nur 30 Mammutjägern in 500 Jahren auf 800 bis 12 500 Menschen vermehrt haben, was 26 bis 425 Jägerhorden entspricht.

Haynes geht hier von den Clovis-Jägern aus, die vor 12 000 oder 13 000 Jahren einwanderten und deren charakteristische Speerspitzen weit über den Kontinent verstreut liegen, und er errechnet, dass diese Horden durchaus in der Lage waren, in derselben Zeitspanne 2 bis 14 Millionen Speerspitzen anzufertigen!

Bleibt die Geschwindigkeit ihrer Ausbreitung: Haynes errechnete, dass die Clovis-Jäger, wenn sie sich pro Jahr nur 4 Meilen nach Süden bewegten, in 500 Jahren durchaus von der Bering-Landbrücke bis zu ihren südlichsten Jagdgründen in New Mexico gelangen konnten. Das ist realistisch. Eine unrealistische Rechnung besagt: Wenn eine einzige nomadische Jagdgruppe, die von der Beringstraße ausging, ihr Lager jede Woche nur drei Meilen nach Süden verlegte, (und das) Woche für Woche, Monat für Monat, konnte das südlichste Ende Südamerikas in nur siebzig Jahren erreicht werden. Das ist unrealistisch, weil für ein Jägervolk, das ständig kreuz und quer seinen großen Tieren folgen muss, eine solche kontinuierliche Reise nach Süden ganz ausgeschlossen ist. Aber wie dem auch sei: Diese ersten Jäger eroberten Nord- und Südamerika!"

Wenn auch heute das „Clovis-Denkmodell" längstens überholt ist, wahr bleibt trotzdem im Zitat C. W. Cerams, dass ein paar Horden Einwanderer sich in einer relativ kleinen Zeitspanne von wenigen Tausenden von Jahren zu Millionen fortpflanzen und tatsächlich von der Beringstraße bis zur Südspitze Südamerikas gelangen konnten.

Der natürliche Drang zur Sonne

Ein rätselhafter Drang nach Süden, vielleicht „der natürliche Drang zur Sonne", muss sie beseelt haben: ein vorgeschichtliches „Southward Ho!", dem in den nordamerikanischen Pioniertagen ein „Westward Ho!" entsprochen hat.

Auf der Suche nach noch ertragreicheren Tierbeständen zogen die nomadischen steinzeitlichen Jäger weiter südwärts der aufgehenden Sonne entgegen bis in die ausgedehnten Steppengegenden des zentralen Nordamerika, wo sie ihre Speisekarte mit pflanzlicher Kost bereichern konnten. Essbare Wurzeln, Nüsse, Früchte und wilde Beeren waren eine willkommene Abwechslung. Die Jahre verflossen, und nachrückende Einwanderer drängten die ersten Horden immer weiter ins Landesinnere. Im Überfluss der reichlich sprießenden Plains erlebten die alten Amerikaner eine Bevölkerungsexplosion. Im Laufe der Zeit entwickelten sie bei der Jagd Massentötungsmethoden, wie die „Umzingelungstaktik" oder die Treibjagd, denen die großen Säugetiere hilflos ausgeliefert waren. Dass sie so manche Art ausrotteten wie das Mammut, das Mastodon, das Kamel und das Pferd, wird jedoch heute von führenden Archäologen bestritten, die das Verschwinden der mächtigen Vierbeiner eher Umwelteinflüssen als menschlichem Verschulden ankreiden.

Vom Jäger zum Wildbeuter

Zwischen 9000 und 4000 v. Chr. entwickelte sich der Jäger zu einem Wildbeuter, der sich nicht nur von Fleisch, sondern in zunehmendem Maß auch von Pflanzen zu ernähren begann.

Durch eine Verknappung der jagdbaren Tiere, von denen viele ausgestorben waren, wurde der Mensch förmlich dazu gezwungen, sich eine andere Ernährungsweise zuzulegen. Der Wildbeuter entwarf neue Werkzeuge und Techniken wie verfeinerte Speerspitzen und Lanzen sowie Angelhaken, Harpunen, Netze und Fallen für Kleinwild, Vögel und Fische. Äxte und Hohlmeißel gehörten zu seinen spezialisierten Geräten, mit denen er Holz und Stein schliff oder zuschlug. Mit Mörsern und Stößeln zerkleinerte er essbare Pflanzen. Auch machte er einige bedeutsame Erfindungen wie die Herstellung von Kanus aus Birkenrinde, das Flechten von Körben und die Metallverarbeitung. Schließlich nahm er eine halbsesshafte Lebensweise an, hob im Boden runde Gruben aus, die er mit Zweigen, Fellen oder Rinde überdachte, und verbrachte zumindest den Winter in diesen primitiven Erdhütten, die ihn vor der größten Kälte schützten. In seiner Behausung häufte er Vorräte von luftgetrocknetem Fleisch, Wurzeln, Samen und Nüssen an, um die frostige Jahreszeit besser zu überbrücken. Seit mindestens 6000 Jahren hielt er sich Hunde als Jagdgefährten und Lagerbewacher, als Abfallvertilger, als Lasttiere und lebende Nahrung. Er verbreitete sich nicht nur in den weiten Prärien, an der Atlantikküste oder im Waldland des Ostens, sondern auch an den Nordwestgestaden des Pazifiks.

Die ersten Ansätze von Ackerbau

Zwischen 4000 v. Chr. und 1000 n. Chr. entstanden erste Ansätze von Ackerbau im Südwesten Nordamerikas, vornehmlich im heutigen Arizona und New Mexico. In dieser trostlosen Gegend, wo die Jagd und das Sammeln von Nüssen nicht einträglich genug waren, lernten die Wüstenwildbeuter nach und nach ein halbes Dutzend Feldfrüchte anzubauen.

*Das Pueblo Bonito der Anasazi-Kultur in New Mexico (ca. 850–1250),
seit 1987 Weltkulturerbe*

Die unzugänglich erbauten Casa Blanca der Anasazi-Kultur, New Mexico

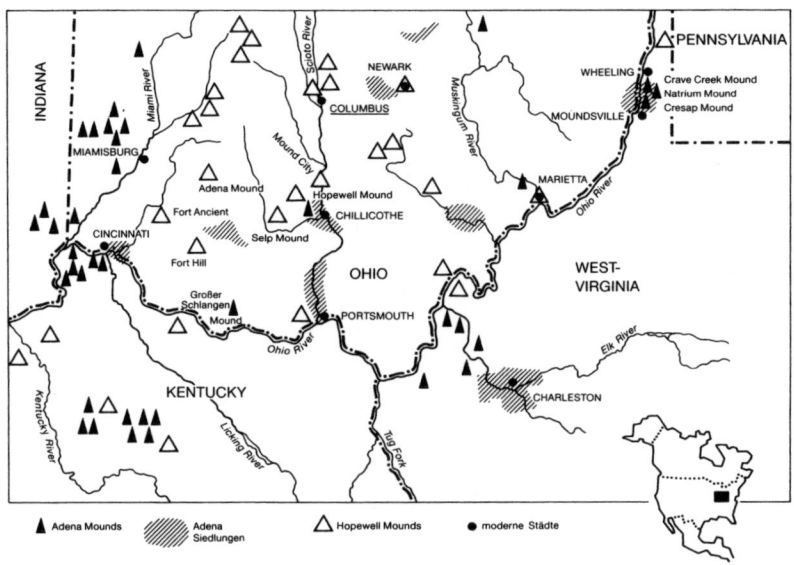

Karte der Hopewell Mounds in Kentucky und Ohio

Gegen 300 v. Chr. wohnten bereits einige Ackerbauern aus den Tälern der Mogollon-Bergkette in New Mexico in Dörfern aus Erdgrubenhäusern. Um 100 v. Chr. klügelte das von den Archäologen benannte Volk der Hohokam (Die, die verschwanden) eine Technik der Überschwemmungsbewässerung aus, um dem Ödland fruchtbare Äcker abzugewinnen. Nördlich der Mogollon und der Hohokam waren die Anasazi (die Alten) ansässig, die nicht nur mit Erfolg Ackerbau und Korbflechterei betrieben, sondern auch als einfallsreiche Baumeister terrassenförmige Wohnbauten errichteten, bis sie zwischen 1300 und 1700 n. Chr. ihre Pueblos genannten, mehrstöckigen Siedlungen unter dem unablässigen Druck der Navahos und Apachen aufgeben mussten.

Von den „Mound Builders"
bis zu den Mississippi-Anrainern

Eine der hochstehendsten Kulturen Nordamerikas war die der „Mound Builders", die zwischen dem Golf von Mexiko und den Großen Seen Zehntausende von merkwürdigen Erdgebilden hinterließen. Bei diesen kegelförmigen Hügeln handelte es sich um Grabstätten und Friedhöfe, um regelrechte Berge aus menschlichen Gebeinen. Auf der plattformartigen

85

Romantische Darstellung eines Mounds (19. Jahrhundert)

Kuppe erhob sich gewöhnlich ein Bestattungstempel. In Körben wurde die Erde mühselig herbeigeschleppt und zu immer größeren Erhöhungen aufgeschichtet. Die „Grabhügelbauer" waren Nahrungsmittelsammler, Landwirte, professionelle Händler und begabte Künstler. Sie stellten geschnitzte Pfeifen, statuenähnliche Gefäße und kleine Keramikfiguren her.

Als um 500 n. Chr. ihr Wohlstand abnahm und ihre Kultur in der Versenkung verschwand, reifte eine neue Zivilisation im gesamten Stromgebiet des Mississippi heran. Die dort siedelnden Menschen erstellten noch monumentalere „Mounds", die auch von Tempeln gekrönt wurden. In ihrer größten Siedlung Cahokia befand sich ein Riesenmound, der mit einer Höhe von 30 Metern und einer Grundfläche von fast 60 000 Quadratmetern die ägyptische Cheops-Pyramide in den Schatten stellte. Dort lebten vor 900 Jahren etwa 40 000 Indianer. Die fortschrittlichen Mississippi-Anrainer pflegten intensiv den Anbau von Mais, Bohnen und Kürbis und widmeten sich der Bildhauerei, der Herstellung von Keramik und Metallwaren.

Gegen 1100 n. Chr. erreichte diese Hochkultur den Höhepunkt ihrer Macht, den die weißen Kolonisten nicht mehr miterleben konnten, weil sie zu spät eintrafen. Die Untergangsphase der Mississippi-Gesellschaft lernten sie jedoch bei den Natchez kennen, deren seltsame soziale Rangordnung in ganz Nordamerika einmalig sein dürfte. Ein von Überbevölkerung

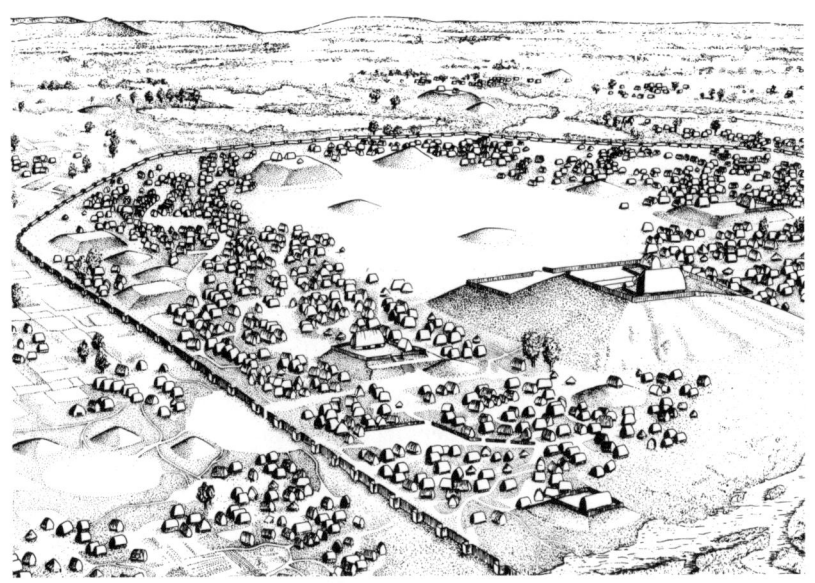

*Rekonstruktionszeichnung der größten prähistorischen Stadt Nordamerikas,
Cahokia im Staat Illinois*

verursachter gesellschaftlicher Zerfall und Kriege beschleunigten den
Untergang der Natchez, denen europäische Krankheiten, wie Pocken,
Grippe und Masern, sowie die überlegenen Waffen der Weißen den
endgültigen Todesstoß versetzten. Mit dem Massaker durch die Franzosen
war es um die Kultur der Natchez geschehen. Erstmals hatten Europäer auf
amerikanischem Boden ein indianisches Volk gänzlich ausgerottet.

Experten in der Kunst des Lebens und Überlebens

Das Schicksal der Natchez deckt sich mehr oder weniger mit dem fast aller
Ureinwohner Nordamerikas. Gruppenweise und in Etappen waren diese
durch Alaska in Richtung Süden vorgedrungen. Über 40 000 Jahre lang
hatten sie sich über den ganzen Kontinent verbreitet, sich in den unter-
schiedlichsten Lebensräumen niedergelassen, sich als schweifende Großwildjäger, Pflanzensammler, routinierte Fischer und sesshafte Ackerbauern
in der Kunst des Lebens und Überlebens geübt und im Laufe der Jahrtausende Hochkulturen entwickelt.

Mit den ersten Ankömmlingen aus der Alten Welt hörte dieser Fortschritt jäh auf. Fremdländische Mikroben wurden eingeschleppt. Euro-

päische Feuerwaffen kamen zum Einsatz. Es dauerte keine vier Jahrhunderte, und die Nachkommen der beherzten asiatischen Einwanderer wurden zu einer aussterbenden Rasse.

Nicht nur der Name „Indianer", den die Eingeborenen einem angeblichen Irrtum des Kolumbus verdanken, sondern auch die Bezeichnung „Rothäute" ist unzutreffend. Der Grundton der indianischen Hautfarbe ist ein mittleres Braun oder ein Gelbbraun. Erst die Bemalung machte die Haut rot. Auf Raubzügen, bei Festlichkeiten und bei Trauer trugen die Indianer verschiedene Farben auf Gesicht und Körper auf. Rot war bei den meisten Völkern die Farbe des Krieges. Laut Wilfried Nölle war das Wort „Rothaut" zunächst „ein Spitzname, ähnlich dem Ausdruck ‚Bleichgesicht', der von den Weißen eingeführt worden ist, und zwar erst als scherzhaft gemeinte Selbstbezeichnung im Gegensatz zu ‚Rothaut'".

„Warum sollen wir hier nicht geboren sein?"

Dass die Vorfahren der heutigen Indianer aus Nordostasien herstammen, wird heutzutage nicht mehr bezweifelt. Wie ist es denn um den Gedanken der selbstständigen Entstehung der amerikanischen Ureinwohner bestellt?

Könnte es denn nicht noch eine andere Erklärung für die menschliche Anwesenheit in Amerika geben? Könnten sich die Menschen nicht schon zu Anbeginn der Zeiten des Landes bemächtigt haben? Tatsache ist, dass die Indianer selbst sich nie als Wanderer zwischen zwei Welten bezeichnet haben, die einen Erdteil hinter sich ließen, um auf einem anderen ein neues Leben anzufangen. Sie hingen einfach ihrer althergebrachten Lebensweise an, indem sie den Spuren des Wildes von einem Ort zum anderen folgten. So ist es weiter nicht verwunderlich, dass Nordamerika in der indianischen Überlieferung von Anbeginn besiedelt war. Weshalb hat sich eigentlich der Gedanke der selbstständigen Entstehung des roten Mannes nicht durchsetzen können?

Als im Winter 1797/98 der Häuptling der Miamis, Little Turtle (Kleine Schildkröte), zu Verhandlungszwecken in Philadelphia, der damaligen Bundeshauptstadt der Vereinigten Staaten, weilte, lernte er den adeligen Franzosen Graf Volney kennen, der vor der Französischen Revolution nach Amerika geflohen war. Eines Abends kam die Rede auf die Einwanderung der Indianer aus Asien. Dieses Gesprächsthema ergab sich aus der Anwesenheit von fünf Tataren in Philadelphia, deren äußeres Erscheinungsbild dem der Indianer ähnelte. Graf Volney schob Little Turtle eine Karte des östlichen Asien bzw. des westlichen Amerika hin und erläuterte ihm, indem er auf die Beringstraße zeigte, die europäischen Vorstellungen von der Herkunft der Urvölker Amerikas.

Der Indianerhäuptling erfasste rasch, scharfsinnig wie er war, die Schwachstelle in der Überlegung des Grafen: „Warum können diese Tataren, die uns so ähnlich sind, nicht aus Amerika gekommen sein? Hat man Beweise vom Gegenteil? Warum sollen wir hier nicht geboren sein?" Mit dem Ausdruck „Geborene des Bodens", den der Häuptling hier benutzte, wollte er zum Ausdruck bringen, dass die Indianer ja auch von Anfang an in ihren historischen Landschaften gelebt haben könnten.

Sein Grundgedanke, die indianische Autochthonie oder die selbstständige Entstehung des Indianers, scheint jedoch unhaltbar. Die Indianer konnten sich nämlich nicht aus früheren Menschenformen und aus Menschenaffenarten zum denk-, handels- und anpassungsfähigen Homo sapiens entwickeln. In ganz Amerika hat man noch keine Funde gemacht, die auf das Vorhandensein altweltlicher Menschentypen in der Neuen Welt schließen lassen. Wie der Weiße kam der Indianer bereits als Homo sapiens in den amerikanischen Erdteil.

Er war aus den Tiefen der sibirischen Taiga zugewandert, in der noch heute auf dem Gebiet der Sowjetunion Völker und Stämme leben, die in Aussehen und Lebensweise an die Indianer Nordamerikas erinnern.

Die „Indianer Russlands"

„Auf der Suche nach ihrer eigenen Vergangenheit sind die Indianer oder, wie sie sich selbst heute auch nennen, die ‚Native Americans' auf die enge Verwandtschaft aller Völker innerhalb des arktischen Wendekreises gestoßen. Diese Verwandtschaft zeigt sich nicht zuletzt in ähnlichen Mythen und Legenden weit voneinander entfernt lebender Völker und Stämme. Bei einem ‚Story-Teller'-Festival, einem Festival von Sagen- und Geschichtenerzählern, am Yukon-Fluss in Alaska trafen wir Erzähler aus Finnland, Grönland und Island – und eben auch aus Sibirien. Sie alle sahen und sehen ihre Urheimat irgendwo zwischen dem Kältepol der Erde, auf dem Gebiet des heutigen Jakutien, und dem Norden Chinas", schreibt Dieter Kronzucker in seinem Buch „Abenteuer und Legenden. Vom Ararat zum Amazonas".

Dort, wo man heute die größten Temperaturschwankungen der Erde findet und im Jahresverlauf Unterschiede bis zu 100 Grad Celsius misst – mit arktischem Frost bis minus 60 Grad Celsius in den Wintermonaten und mit tropischer Hitze bis zu 40 Grad Celsius von Juni bis September, leben im 20. Jahrhundert die „Indianer Russlands", die Jakuten und Ewenen. In Jakutien, der einsamen und abgeschiedenen ehemaligen Sowjetrepublik hoch oben im Norden, ist ein Teil der Ureinwohner bis heute dem Nomadenleben treu geblieben und durchstreift noch immer mit den Rentierherden die Weiten von Taiga (die nördliche Nadelwaldzone) und Tundra (die Vegetationszone nördlich der Waldgrenze). Auf der Jagd nach dem Ren, dem Elch oder dem Bären, später dem Zobel und dem Hermelin drangen ihre fernen Vorfahren in der grauen Vorzeit der Völkerwanderungen von Eurasien nach Amerika über die Beringstraße hinaus bis zur Inselkette der Aleuten und nach Alaska, als die beiden großen Landmassen während der Eiszeit noch nicht durch eine Wasserstraße getrennt waren.

Dass es tatsächlich eine derartige Querverbindung über die Beringstraße erstmals vor 40 000 Jahren gegeben haben muss, belegen unter anderem in Sibirien gefundene Pfeilspitzen, die vermutlich 28 000 Jahre alt sind, zweischneidig bearbeitet und aus Hornstein gefertigt. Ihre Bearbeitung ist fast identisch mit am Yukon aufgespürten Jagdutensilien, die wahrscheinlich vor 27 000 Jahren im Gebrauch waren.

Mokassin und Lederwams, Häuptlingsschmuck und bemalte Keramik haben diesseits und jenseits der Beringstraße gemeinsame Züge. Die Holzsäulen, die heute vor dem Haupthaus im sibirischen Jakutendorf stehen, erinnern an die Totempfähle Nordamerikas. Auf dieselbe Art und Weise konservieren die Jakuten und Ewenen, die Eskimos und Indianer Nordamerikas das Wildfleisch, das in Streifen geschnitten und im Sommer an der Luft getrocknet wird.

Die Wigwams der nordamerikanischen Indianer haben zudem große Ähnlichkeit mit den jakutischen Jurten, den Zelten aus Birkenrinde und Tierhaut, die heute höchstens noch in Oimjakon, dem kältesten Dorf der Welt mit bis zu 72 Grad Celsius Kälte, gefunden werden, wo der Speichel gefriert, ehe er den Boden erreicht.

Auch das religiöse Brauchtum kennt erstaunliche Parallelen, wie Dieter Kronzucker berichtet: „Einst hatten die nordasiatischen und die nordamerikanischen Völker eine einheitliche Weltanschauung, die sich u. a. in magischem Zauber, Bärenkult und ritueller Beachtung der Tierknochen ausdrückte. Der Jäger erblickte im Tier eine ihm verwandte Erscheinung des Lebendigen, in seiner Glaubenswelt war das Tier eine Art Ahne des Menschen. Ihren eigentümlichsten Ausdruck hat diese religiöse Überlieferung im Schamanentum gefunden, das jedoch im heutigen Sibirien so selten ausgeübt wird wie der Medizinmannkult bei den Indianern in Nordamerika."

Bevor Kolumbus kam

Während mehr als 40 000 Jahren, in zahllosen Generationen und langen Jahrhunderten, bevölkerten die asiatischen Ahnen der „Rothäute" und ihre Nachkommen ein fast menschenleeres Land, streiften durch ganz Nord- und Südamerika und schufen sich eine eigene Geschichte und blühende Kulturen.

Diesen 40 000-jährigen Entwicklungsprozess unterbanden die Weißen gewalttätig aus schierer Eroberungslust in 400 Jahren. Die meisten Geschichtsbücher über Nordamerikas Vergangenheit beginnen mit der Ankunft der ersten Europäer und schweigen sich aus über die in Jahrtausenden eigenständig herangereifte Kultur der Ureinwohner. Diese wichtige Seite kommt selten voll zum Tragen: die Indianer als ein Volk, das lange Zeit ohne Weiße gelebt hat und sehr gut leben konnte.

Als Kolumbus am 12. Oktober 1492 erstmals die Neue Welt betrat, leitete er einen folgenschweren Vorgang ein: die Verwandlung des indianischen Heimatlandes in ein „verlorenes Paradies".

Auch die Russen haben in den Ureinwohnern von Taiga und Tundra nur Wilde gesehen, die sie auf ähnliche Weise unterjocht haben wie die Amerikaner die Indianer – mit dem Unterschied allerdings, dass die Jakuten und Ewenen nicht systematisch ausgerottet, sondern sogar in die Ausbeutung Sibiriens mit einbezogen wurden.

Wie die Indianer im Wilden Westen war auch die Urbevölkerung im fernen Osten dazu gezwungen, sich mit List und Tücke, mit Hinterhalt und plötzlichem, unerwartetem Überfall gegen die überlegene Feuerkraft der Europäer zur Wehr zu setzen.

II.

AUF VERWEHTEN SPUREN

oder

Der Einfluss der geheimen Entdecker auf die Entdeckten

Vom Libanon
an den Rand der Welt

Wie phönizische Kapitäne auf
Entdeckungsfahrten bis nach Amerika gelangten

Sie haben das Alphabet erfunden, den ersten Suezkanal gebaut, den Purpur- und Karmesin-Farbstoff aus den winzigen Sekretionsdrüsen der Purpur- schnecke gefiltert, erstmalig durchsichtiges Glas hergestellt und wahr- scheinlich schon vor den Wikingern Amerika entdeckt. Ihr Reich war das Meer, ihre Berufung der Handel. Berüchtigt waren sie wegen ihrer Tempel- prostitution und ihrer rituellen Kindermorde, berühmt wegen ihrer schnel- len, wendigen „Langschiffe" mit doppelten Ruderreihen für militärische Zwecke und den praktischen „Rundschiffen" für den Gütertransport, be- argwöhnt wegen rüder kapitalistischer Geschäftsmanieren.

Von 1150 bis 850 v. Chr. waren die Phönizier, die Leute aus dem Purpur- land, die unumschränkte Seemacht im Mittelmeer. Vom Sprungbrett eines nur 250 Kilometer langen Küstenstreifens mit den „Inselstädten" Byblos, Sidon, Tyros und Arados, vergleichsweise einem „Nichts an Grund und Boden" (Gerhard Herm), das etwa das Gebiet des heutigen Staates Libanon umfasste, drangen sie zu Schiff bis nach Spanien vor, errichteten zahlreiche Handelskolonien im gesamten Mittelmeerraum und wagten sich sogar durch das „Tor des Ozeans", die Straße von Gibraltar, nach Süden vor.

Ihre berühmteste maritime Expedition war in der Tat die erste Teilum- seglung Afrikas, die dem karthagischen Skipper Hanno im Jahr 425 v. Chr. mit sechzig Schiffen gelang. Die Flottille, über deren Verpflegungsprobleme der römische Geograph Pomponius Mela später schrieb: „Hanno ging we- niger das Meer als der Proviant aus", segelte vermutlich bis nach Kamerun, wo die phönizischen Seeleute – so in noch überlieferten Passagen des

Zeitgenössische Darstellung phönizischer Kriegs- und Handelsschiffe

Hanno-Logbuchs – nach der Landung auf „dicht behaarte Weiber" stießen, die ihnen unbekannte exotische Tierspezies Gorilla.

Das rührigste Seefahrer- und Handelsvolk der Antike, das Homer als „Handwerker, Kaufleute, Piraten und Sklavenhändler" beschrieb, freundete sich sehr wahrscheinlich immer mehr mit dem neuen unendlichen Ozean an, der sich hinter der Straße von Gibraltar erstreckte, weitaus stürmischer war als das Mittelmeer und von Gezeiten bewegt wurde. So sollen die Phönizier nicht nur die afrikanische Atlantikküste abgetastet, sondern dabei sogar nach Westen abgeschwenkt, über den Golf der Frauen zu den Antillen vorgestoßen und von dort aus zum amerikanischen Kontinent gelangt sein.

An den Gestaden der Neuen Welt

Die Ruinen von Pattee's Cave und Mont Show in New Hampshire (USA) mit ihren Dolmen, Rampen und Zufahrtsplattformen, unterirdischen steinernen Kanälen und großen Opfersteinen scheinen in der Tat phönizischen Ursprungs zu sein. Des Weiteren deuten zahlreiche Inschriften und Gravuren, die man in der Neuen Welt gefunden hat, auf die Präsenz der Phönizier hin, die zudem noch durch die Entdeckung von Waffen und Geldstücken untermauert wird.

Der amerikanische Professor Cyrus H. Gordon von der Brandeis-Universität in Boston, Experte für die Entzifferung alter semitischer Sprachen, sieht zum Beispiel in den Melungeons, einem hellhäutigen Indianerstamm in Ost-Tennessee, Abkömmlinge der Phönizier.

Das alte Bild, dass die Welt erst zu Beginn der Neuzeit den Menschen in ihrer tatsächlichen Gestalt bewusst wurde, ist also in Bewegung geraten.

Professor Gordon ist diesbezüglich der Auffassung, dass der Mensch bereits in der Steinzeit jeden Kontinent mit Ausnahme der Antarktis gekannt habe und dort eingedrungen sei. Von dieser Warte aus sind die kühnen Entdeckungsfahrten der weit gereisten phönizischen Abenteurer nur ein kleiner Teil des menschlichen Eindringens in Neuland.

Karthago, die 814 v. Chr. gegründete Rivalin Roms, war auch eine phönizische Kolonie, die, als das Mutterland bereits an Macht eingebüßt hatte, das westliche Mittelmeer unter Kontrolle nahm und sich zum „New York des Altertums" empormauserte. Seine Lage auf einer Halbinsel, in der nordafrikanischen Küstenmitte gegen Sizilien vorgeschoben, erwies sich als handelspolitisch ideal. Denn die Stadt, deren Entstehung durch dynastische Auseinandersetzungen im phönizischen Kernland von Tyros bedingt war, vermochte gleichermaßen nach dem Ost- wie dem Westbecken des Mittelmeeres auszugreifen.

Als nach drei mörderischen Kriegen die Römer im Jahr 146 v. Chr. das verhasste Karthago dem Erdboden gleichmachten, zerstörten sie unter anderem das karthagische Staatsarchiv, dessen zahllose Akten und geheime Dokumente ein Opfer der Flammen wurden. Laut damaligen Berichten soll das Feuer 17 Tage lang gewütet haben, was Scipio, den Eroberer der Stadt, dazu brachte, bittere Tränen zu vergießen. Mit dieser Vernichtungsorgie hatten die Römer die Möglichkeit verspielt, Aufschluss über die geheim gehaltenen Seewege, Kolonien und Umschlagplätze der Phönizier entlang der Küsten und auf den Inseln des Atlantiks zu erhalten.

Die Phönizier waren schon lange vor 1100 v. Chr. über die Straße von Gibraltar hinaus in den Atlantik gesegelt und hatten die Hafenstädte Gadeira in Südspanien und Lixos in Westafrika gegründet. Wie weit sie wirklich vorgestoßen waren, ließen sie niemanden wissen. In der Tat erwiesen sie sich als äußerst verschwiegene Seeleute, die um keinen Preis ihre neu entdeckten Seewege und neu erschlossenen Märkte verraten hätten. Sie gingen sogar so weit, dass sie um 1100 v. Chr. mit einem „Eisernen Vorhang" in Gestalt einer kampftüchtigen Garnison und zahlreicher Kriegsschiffe die Straße von Gibraltar abriegelten. Als die Phönizier ihre Macht im Mittelmeerraum schwinden sahen, sprangen die Karthager in die Bresche, so dass dieser „Eiserne Vorhang" 800 Jahre lang allen anderen Nationen die Fahrt in den Atlantik verwehrte. Dadurch war es den Phöniziern beziehungsweise den Karthagern fast ein Jahrtausend lang vorbehalten, von Europa aus den Atlantik zu befahren.

Jenseits des eisernen Vorhangs von Gibraltar

Warum waren diese wohl so versessen darauf, sich allein dort zu betätigen? Hinter dem Eisernen Vorhang von Gibraltar bereicherten sich die Phönizier durch die Ware Mensch, die sie in rauen Mengen an den Gestaden Afrikas vorfanden. Jahrhundertelang veranstalteten sie groß angelegte Menschenjagden im Schwarzen Kontinent und versorgten das gesamte Mittelmeerbecken mit Negersklaven.

Alle Hochkulturen der Antike fußten nämlich auf der wirtschaftlichen Grundlage der Sklaverei. Die Beschaffung der Sklaven war fest in den Händen der Phönizier, die in Westafrika auf schier unerschöpfliche Menschenvorräte zurückgreifen konnten.

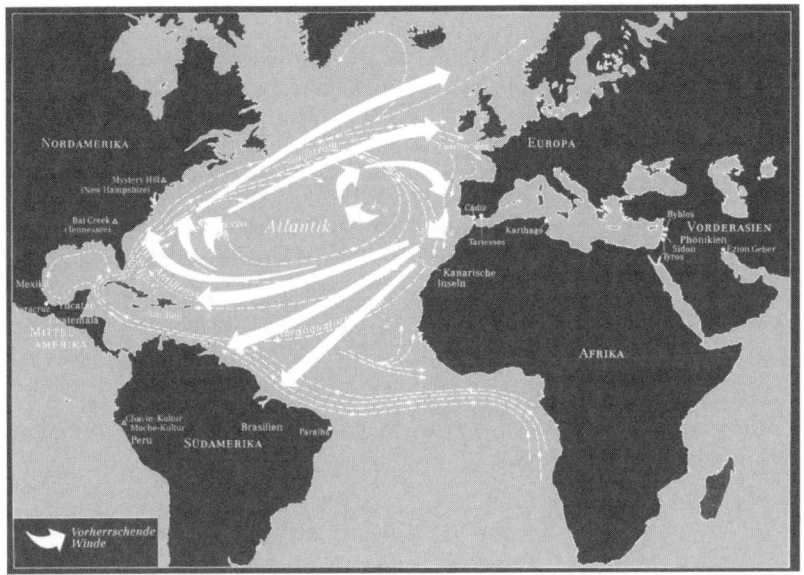

Karte der Strömungsverhältnisse und
vorherrschenden Winde im Nordatlantik

Bei der Ausübung dieses Geschäfts gerieten unzählige Schiffe der phönizischen Sklavenhändler, die ihre Ware Mensch in den heutigen Staaten
Senegal, Sierra Leone oder in Nigeria an Bord nahmen, vor der westafrikanischen Küste durch schwere Stürme in Seenot. Entweder gingen sie mit
Mann und Maus unter oder sie wurden vom fast ständig aus Nordost we-
henden Wind weit nach Südwesten abgetrieben und vom Äquatorialstrom
nach Brasilien oder noch weiter in die Karibische See bis zum Golf von
Mexiko getragen. Die Seefahrzeuge der Phönizier waren vollkommen hochseetüchtige Handelsschiffe, deren bauchiger Innenraum ein Fassungsver-
mögen von beinahe 1000 Tonnen hatte.

... und sie stiegen zu weißen Göttern auf

„Was geschah mit den phönizischen Seeleuten, die vom Sturm nach Brasilien, auf die Antillen oder nach Mittelamerika verschlagen und dort als
Schiffbrüchige an Land getrieben wurden?", fragt sich Jürgen Misch in
seinem Buch „Die Gefiederte Schlange. Das Rätsel der weißen Götter Amerikas", in dem er folgende mögliche Antwort zur Diskussion stellt:

99

„Viele gingen sicher an wilden, unbewohnten Küsten und im Dschungel zugrunde. Andere fanden wohl den Tod im Kampf mit Eingeborenen, wurden als Gefangene ins Landesinnere verschleppt und verschwanden für immer in der grenzenlosen Weite des Kontinents. Wieder andere hatten Glück. Nach mancherlei Umwegen und Irrfahrten trafen sie am Golf von Mexiko, im Gebiet des heutigen Veracruz, auf friedliche Maisbauern, die sie bei sich aufnahmen. Die Indianer staunten über diese seltsamen weißen und bärtigen Menschen, die da aus einem fremden Land übers Meer zu ihnen gekommen waren, und die Künste und Fertigkeiten der Fremden erfüllten sie mit abergläubischer Furcht. Bald gewannen die Weißen immer mehr Einfluss auf die einfachen Menschen, bekleideten Häuptlingswürden und Priesterämter und wurden schließlich als Götter verehrt.

Diese weißen Götter wussten ihre Macht planmäßig zu festigen und zu vergrößern, und so entstand ein straff organisiertes indianisches Gemeinwesen unter phönizischer Führung, die Keimzelle der La-Venta-Kultur!"

Es konnte keine Ewigkeit verstrichen sein, bis ein erstes phönizisches Schiff den Golf von Mexiko wieder verließ und – wahrscheinlich im 7. Jahrhundert v. Chr. – über den Atlantik bis nach Tyros im östlichen Mittelmeer zurückkehrte, um dort über die spannenden Ereignisse in der Neuen Welt zu berichten.

Die Neuigkeiten der Heimkehrer ließen den König und seine Ratgeber aufhorchen, die sich darauf einigten, Schiffe und Mannschaften bereitzustellen – mit dem Ziel, über den südspanischen Hafen Gadeira und die Azoren das viel versprechende Land im fernen Westen anzusteuern, und das nicht nur aus handelspolitischen Erwägungen.

Der Landesvater von Tyros fühlte sich nämlich zu dieser Zeit durch die babylonische Bedrohung aus dem Osten zunehmend verunsichert. Die älteren Einwohner der Stadt erinnerten sich noch allzu gut mit Schrecken an die verhasste Assyrerherrschaft und die fünfjährige Belagerung ihrer Heimatstadt, die zum Teil auf einer dem Festland vorgelagerten Insel gebaut und deswegen dem assyrischen Feind nur schwer zugänglich war. So war es dem damaligen König von Tyros buchstäblich in letzter Minute gelungen, sich nach Zypern abzusetzen, wo er im Exil das Zeitliche segnete. Seinem Kollegen aus dem nahen Sidon war 24 Jahre später – 677 v. Chr. – ein noch elenderes Schicksal beschieden. Nachdem er vor den Assyrern geflohen war, wurde er von ihren Häschern aufgegriffen und schließlich geköpft. Seinem Stadtstaat erging es nicht besser: Sidon wurde dem Erdboden gleichgemacht.

So nimmt es einen nicht wunder, dass seither in Tyros fieberhaft nach einer seriösen Möglichkeit gesucht wurde, um der dräuenden Katastrophe zu entgehen. Fluchtschiffe lagen im Hafen bereit, um in der Stunde des endgültigen Zusammenbruchs den Königshof samt den wohlhabenden Patriziern und ihren Familien aus dem Gefahrenbereich herauszubringen. Aber welchen Hafen sollten die Schiffe anlaufen? Wo konnten die Flüchtliche aus Tyros noch Sicherheit finden?

Die phönizischen Händler waren immer zu gerissen und zu habgierig gewesen, um jemals richtige Freunde gefunden zu haben. Sicherheit gab es für sie damals nirgendwo im Mittelmeerraum, wo ihnen in den Griechen nunmehr offene Konkurrenten erwachsen waren. Die Mutterstadt Tyros konnte auch nicht auf die Tochter Karthago zählen, die schon seit langem ein unabhängiges Dasein führte.

Auf der Suche nach einer neuen Heimat

Sicherheit gab es höchstens im fernen neuen Land im Westen. Um 600 v. Chr. dürften die letzten phönizischen Schiffe das Mittelmeer in Richtung Mittelamerika verlassen haben, um die Niederlassung am Golf von Mexiko anzulaufen. Nach dem Niedergang von Tyros kamen jedoch weitere Schiffe aus Karthago nach Mexiko, wo die karthagischen Seeleute im südlichen Teil des heutigen Staates Veracruz und in Tabasco an Land gingen wie bereits ihre phönizischen Vorfahren, die dort zwischen 1000 und 800 v. Chr. erstmals gelandet waren. Sie vermischten sich mit den in zahlreichen Dörfern friedlich lebenden Indianern, die ihre Felder mit Mais, Bohnen und Kürbis bestellten, sich auf die Herstellung und Bemalung von Tonkrügen verstanden und auch aus Baumwolle oder den Fasern der Agave Stoffe webten.

Die Ureinwohner Mexikos hatten Jahrtausende gebraucht, um diese verhältnismäßig bescheidene Zivilisastionsstufe zu erreichen. Jürgen Misch vertritt die Auffassung, dass „hier über lange Zeit hinweg von Fortschritt – der fragwürdig gewordene Begriff wird völlig wertfrei gebraucht – kaum die Rede sein kann":

„Um 800 v. Chr. setzt plötzlich zum Erstaunen der Archäologen, ausgerechnet an der südlichen Golfküste, in Veracruz und Tabasco, ein gewaltiger kultureller Aufschwung ein. Die ersten Stufentürme oder Pyramiden entstehen, breite Außentreppen führen zu den Tempeln empor, die sich auf den Plattformen erheben. An Arbeitskräften mangelt es nicht. Als architektonische Vorbilder dienen den weißen Göttern die großartigsten Kultbauten ihrer Zeit, die Zikkurats des Zweistromlandes. Es handelt sich dabei um Stufenpyramiden, deren Konzeption auf die Sumerer zurückgeht. Auch sie trugen einen Tempel, zu dem man über eine Außentreppe gelangt.

Die kulturgeschichtliche Rolle der Phönizier bestand weniger in eigenen schöpferischen Leistungen, als in der Übernahme und Weitergabe fremder Errungenschaften. Sie waren die großen Kulturvermittler des Altertums. Und auf diese Weise gelangte auch die Architektur ihrer babylonischen Nachbarn nach Mittelamerika."

Die riesigste Zikkurat von Babylon war der „Turm von Babel", der nach biblischen Berichten bis in den Himmel reichen sollte, aber durch die babylonische Sprachverwirrung – so will es die Sage – nie vollendet wurde. In der Tat soll Gott den Weiterbau des Turms verhindert haben, weil er sich mit diesem Sinnbild menschlicher Vermessenheit und frevelhaften Hochmuts nicht abfinden konnte. Der monumentale Stufenturm mit einem Tempel an der Spitze (Gesamthöhe: 91,5 Meter) wurde in seiner ältesten quadratischen Form mit einer Seitenlänge von 61 Metern wahrscheinlich zur Zeit des altbabylonischen Königs Hammurabi (1728–1686 v. Chr.) aus luftgetrockneten Ziegeln errichtet, wurde mehrfach zerstört und erneuert und erhielt seine letzte Gestalt mit einer Brandziegelumkleidung des älteren Stumpfes unter Nabopolassar und Nebukadnezar II (605–562 v. Chr.).

Die Verschalung des Turms mit Backsteinen im Asphaltverguss, die fast so aufwendig wie ein Neubau war, fiel in die Jahrzehnte um 600 v. Chr., als die Blütezeit der La-Venta-Kultur in Mittelamerika begann.

Die großen Eklektiker der Antike

Dass die Phönizier den sakralen Baustil der mesopotamischen Stufentürme in die Neue Welt importierten, ist ohne Weiteres denkbar.

Als sie in Amerika eintrafen, stießen sie weder auf einen menschenleeren noch auf einen kulturlosen Raum. Ihr mitgebrachtes Kulturgut bewirkte vor allem eine Umprägung der bei den dortigen Indianern bereits vorhandenen schöpferischen Fähigkeiten, die sie zu einer explosionsartigen Entfaltung brachten, deren zündenden Funken sie durch ihr geistiges Gepäck lieferten. Warum die Olmeken vor 3000 Jahren einen „rätselhaft ‚perfekten' Beginn" ihrer Kutur verbuchen konnten, erklärt Heinke Sudhoff in ihrem Sachbuch „Sorry Kolumbus. Seefahrer der Antike endecken Amerika", indem sie auf einen bildhaften Vergleich aus der Märchenwelt zurückgreift: „Es war das Erwachen aus dem Dornröschenschlaf, nachdem der phönizische Prinz die olmekische Schöne wach geküsst hatte."

Den Indianern müssen die Phönizier als bärtige Zauberer erschienen sein, deren Anweisungen es auszuführen galt. Bildsäulen und Altäre entstanden aus riesigen Steinblöcken, die man über weite Strecken heranschaf-

Foto einer bärtigen Kultfigur mit spitz-konischem Hut aus Zypern,
vergleichbar mit Funden aus Mesoamerika

*Steinrelief mit einer Darstellung, die sich auf die
Kalenderreform der Mayas bezieht*

fen musste. Die Schrift und der Kalender waren auch plötzlich – sozusagen über Nacht – vorhanden.

Was wissen wir heute über die La-Venta-Kultur, die den Olmeken zugeschrieben wird? Kann der Impuls für ihre Entwicklung von den Phöniziern ausgegangen sein?

In der Tat kannten die Olmeken, deren Hauptzentren La Venta, San Lorenzo und Tres Zapotes hießen, eine Hieroglyphenschrift, die man für die älteste Schrift der Indianer hält. Auch rechneten sie bereits mit Ziffern und lösten mathematische Probleme. Daten, die auf in Tres Zapotes gefundenen Stelen eingemeißelt sind, deuten darauf hin, dass die Olmeken ebenfalls die Erfindung des mittelamerikanischen Kalenders für sich beanspruchen können.

Um das erste Kalendersystem der Neuen Welt zu schaffen, mussten sie Bescheid wissen über die Bewegungen der Sonne, des Mondes und bestimmter Sterne, über die Länge des Jahres und des Monats – allesamt

Kolossalkopf der Olmeken-Kultur (1200–800 v. Chr.), aus San Lorenzo, Mexico

Erfahrungen, die in enger Verbindung stehen mit dem Kreislauf der Landwirtschaft und der in regelmäßigen Zeitabständen wiederkehrenden Getreideaussaat.

Auch in der Technik bewiesen die Olmeken Pioniergeist. Von ihrer Unternehmungslust und ihrem Organisationstalent zeugen unter anderem ein künstlich angelegtes Bewässerungssystem in San Lorenzo; ein ausgedehntes Handelsnetz, das bis in die heutige Republik El Salvador reichte; die Verwertung von Obsidian zur Herstellung ihrer frühesten Klingen und Waffen; eine Töpferware von guter Qualität; die auf vielen Stelen abgebildeten prächtigen Gewänder sowie der dazugehörende phantastische Kopfputz mit reichem Federschmuck.

Der kulturelle Fortschritt der Olmeken – der „Sumerer Amerikas", wie man sie genannt hat –, deren Anfänge bis mindestens 1500 v. Chr. zurückreichen und deren Blüte in die Jahre 800 bis 400 v. Chr. fällt, legt den

Gedanken nahe, sie als die Väter der späteren mittelamerikanischen Kulturen anzusehen. Ihr Kulturzentrum San Lorenzo ist möglicherweise eine der ältesten Städte Amerikas.

Die Spuren ihrer Herkunft verlieren sich im Dunkeln. Die so genannten negroiden Gesichtszüge – Stupsnase und wulstige Lippen –, die genauso gut bei den kleinen Jadefiguren wie auch den Riesenhäuptern im olmekischen Kunstschaffen als Hauptmerkmal in Erscheinung treten, entsprechen nicht dem typischen Aussehen der amerikanischen Indianer. Sie erwiesen sich deswegen als die treibende Kraft hinter den spekulativen Mutmaßungen über den geheimnisumwitterten Ursprung der Olmeken. So wurde der Gedanke einer möglichen Abstammung von Afrikanern in der Diskussion über die Herkunft der Olmeken begeistert aufgegriffen. Wenn auch die Idee einer vorzeitlichen Wanderung von Afrika nach Amerika bei vielen Forschern auf wenig Gegenliebe stößt, bleibt noch immer die Frage, wie Menschen vom negroiden Typ in die Neue Welt gelangt sein könnten. Dass zahlreiche phönizische Schiffe, die der Sturm nach Westen verschlug, Negersklaven aus Westafrika an Bord hatten, ist ein nahe liegender Gedanke, der die Frage nach den Modellen der Bildhauer klären würde.

Durch die Ankunft der Phönizier kann es also in La Venta und Umgebung zu einer kulturellen Explosion des Wissens gekommen sein. Die weißen Götter aus dem Osten brachten den Indianern Mittelamerikas wahrscheinlich nicht nur Erfreuliches mit, sondern auch den schrecklichen Brauch der Kinderopfer, der sich von La Venta aus über ganz Mittelamerika verbreitete und auch bei den Mayas und den Azteken Einzug hielt. Das Kreuz als Gegenstand der Verehrung gelangte auch durch die Phönizier nach Amerika – ebenso wie die dazugehörigen Riten der Beichte, Kommunion und Taufe, die keine christlichen Neuschöpfungen darstellen, sondern älteren orientalischen Religionen entstammen, wie dem Mithras-Kult und den syrisch-phönizischen Baalskulten, in denen die Gläubigen den Leib und das Blut der Gottheit symbolisch in sich aufnahmen.

So waren die Phönizier einerseits als Händler und Seefahrer der technischen Ratio verpflichtet; andererseits bestimmte jedoch ein eher archaischer Mystizismus ihren grausamen altorientalischen Götterkult, in dem die schrecklichen Kinderopfer laut Philon von Byblos „Lösegeld für die rächenden Götter" darstellten.

Zahlreiche Funde phönizischen Ursprungs, wie Inschriften, Ruinen und Münzen, machen die Idee der Präsenz dieses Volkes in Amerika zwingend und geben dem Gedanken Auftrieb, dass die Phönizier die eigentlichen Urbilder der weißen Götter Amerikas sein müssen.

URALTE BINDUNGEN ZWISCHEN
CHINA UND AMERIKA

Segelte ein erster chinesischer Kolumbus im fünften Jahrhundert v. Chr. bis nach Mexiko?

Chinesische Archäologen haben Erdnüsse gefunden, die sich als Beweis dafür entpuppen könnten, dass Seefahrer aus dem alten China Jahrtausende vor Kolumbus die Neue Welt erreichten. Die Erdnüsse, als deren Heimat Südamerika gilt, wurden bei Ausgrabungen in China entdeckt, und zwar in einem Bereich, dessen Alter mit rund 5000 Jahren angenommen wird. Hat ein chinesischer Entdecker sie aus ihrer südamerikanischen Ursprungsgegend mitgebracht? An anderen Ausgrabungsstätten Chinas stieß man auf Getreide und Nachtfalter, die anscheinend vom amerikanischen Kontinent stammen. All diese Funde haben der ohnehin schon lebhaften Diskussion zwischen chinesischen und amerikanischen Historikern über alte Bindungen zwischen den beiden Ländern neuen Auftrieb gegeben.

Zwei kalifornische Archäologen haben vor der US-Westküste große, eigentümlich geformte Steine aufgespürt, von denen sie annehmen, dass es sich um Anker und Ballast eines chinesischen Schiffes handeln könnte, das vor 2000 Jahren auf der Höhe des heutigen Los Angeles gesunken ist. Professor James R. Moriarty von der Universität San Diego meint dazu: „Wenn sich die Erdnuss-Entdeckung als stichhaltig erweist, dann ist dies das letzte Indiz. Dann waren sie als Erste hier."

Erdnüsse als Knackpunkt

Aber vorläufig rät Moriarty, der mit mehreren chinesischen Archäologen in Verbindung steht, zur Zurückhaltung. Denn er und der Meeresarchäologe Larry J. Pierson sind mit ihrer Theorie auf viel Skepsis gestoßen. Selbst die chinesischen Wissenschaftler können untereinander keine Einigkeit darüber erzielen, ob es nun ihren Vorfahren gelungen war, den Pazifik zu überqueren, oder ob es – andersherum – die Asiaten, die in grauer Vorzeit Amerika besiedelten, schafften, nach China zu segeln.

Die chinesischen Archäologen Wang Tschijing und Mu Jongkang geben in der Fachzeitschrift ihres Landes „Archäologie" die vorherrschende Lehrmeinung wieder: Erdnüsse kamen erst nach Asien, nachdem spanische Eroberer sie vor 400 Jahren nach Europa eingeführt hatten. Jedoch bleibt die Tatsache bestehen, dass die Nüsse, die bereits 1958 in der Provinz Zhejiang gefunden wurden, bei einer verholzten Bohne und Bambusmatten lagen, deren Alter mit Hilfe der Karbonanalyse auf 3000 v. Chr. datiert wurde. Die chinesischen Wissenschaftler gestehen zu, dass es keine nachprüfbaren Berichte darüber gibt, ob vor so langer Zeit Erdnüsse in China gezüchtet worden sind. Sie erklären, dass der Ackerbau dort eine so lange Geschichte habe und es keineswegs auszuschließen sei, dass die Chinesen der Vorzeit auch solche Früchte angebaut hätten.

Der altchinesiche Globetrotter Huishen

Diese Überlegung lässt aber eine wachsende Zahl von Amerikanern und Chinesen bei der Suche nach einem chinesischen Kolumbus unbeeindruckt. In der Zeitschrift „China neu entdeckt" zeichnet der Historiker Fang Songpu aus Peking nach, wer dieser „Kolumbus" gewesen sein soll: ein buddhistischer Mönch namens Huishen („Universelles Mitleid"), der um die Wende vom sechsten zum fünften Jahrhundert v. Chr. lebte und 499 v. Chr. nach seiner Rückkehr über eine 10 000 Kilometer lange Reise in ein Land berichtete, das er nach einer dortigen Baumart Fusang nannte. Er verglich die Früchte des Fusangbaumes mit roten Birnen und wies auf dessen essbare Schösslinge hin. Ihm war auch aufgefallen, dass die Einwohner des Landes aus dessen Rinde Kleidung und Papier herstellten. Zudem behauptete er, in diesem Land gebe es kein Eisen. Seine Beschreibung des Fusangbaumes deutet auf den Maguey hin, der rote Früchte trägt, allen von ihm gemachten Beobachtungen entspricht und nur in Mittel- und Südamerika wächst. Eisen findet sich in fast allen Erdteilen unseres Planeten, mit Ausnahme von Mittel- und Südamerika, wie von ihm korrekt dargestellt. Kurzum: Der altchinesische Globetrotter Huishen schilderte Menschen und Vegetation derart, dass sich Fang stark an das präkolumbische Mexiko erinnert fühlt. Dabei decken sich die genauen Angaben Huishens über die gesellschaftlichen Verhältnisse, Hochzeitsbräuche, Sklaverei und Kriminalität im von ihm Fusang getauften Land exakt mit den historischen Erkenntnissen, die wir über das Mexiko des fünften Jahrhunderts v. Chr. haben.

Sowohl Fang als auch Pierson weisen darauf hin, dass die Chinesen lange vor den Europäern eine zuverlässige Steuerrudervorrichtung und wasserdichte Schiffstauräume entwickelt sowie den Kompass („Zhinanzhen") und das auf den Polarstern ausgerichtete Navigationsrohr („Wangdou") erfunden hatten. Tung, ein exotisches Holzöl, setzten die Ingenieure aus dem Reich der Mitte als Klebestoff zwischen den Planken der Boote ein, deren Bug Drachenköpfe und Tierfiguren schmückten.

Einen chinesischen Amateurforscher brachten Zeitungsberichte über die Arbeit von Moriarty und Pierson dazu, den beiden nach Kalifornien zu schreiben. Er bat sie, sich um weitere chinesische Funde zu kümmern. So habe man Erdnüsse auch in der benachbarten Provinz Jiangxi entdeckt – Alter laut Karbonanalyse: 3320 Jahre.

Dieser Hobby-Archäologe berichtete auch nach Kalifornien über Ausgrabungen in der Provinz Szetchuan an einer Grabstätte aus dem dritten Jahrhundert v. Chr., wo man Getreideähren fand, die ebenfalls aus Amerika stammen könnten. Er lieferte auch einen Report über jüngste Funde von Nachtfaltern, vermutlich amerikanischen Ursprungs.

Ein Südamerika-Spezialist der Universität Peking, Luo Rongu, hat sich in „China neu entdeckt" mit der wachsenden Faszination auseinandergesetzt, die der Gedanke an einen chinesischen Amerika-Entdecker ausübt: „Eine amerikanische Kollegin setzt alles daran, um Berge und Seen, die im Geographie-Klassiker des chinesischen Altertums ‚Shannai' (Buch der Berge und Seen) genannt werden, mit Örtlichkeiten in den westlichen Bundesstaaten ihres Landes in Verbindung zu bringen." Er hält die Geschichte von Huishen für Phantasie und fragt, ob es wohl genügend Beweise dafür gebe, dass die Steine vor der Küste Kaliforniens chinesische Anker gewesen seien. Während eines Besuches bei Moriarty und Pierson in San Diego meinte Luo: „Als Chinese wäre ich natürlich entzückt, falls es den chinesischen ‚Kolumbus' tatsächlich gegeben hat. Die Hinweise, die es auf Kontakte zwischen Asien und Amerika in präkolumbischer Zeit gibt, sind auf jeden Fall eine Prüfung wert. Aber nicht wilde Spekulation, sondern lediglich eine peinlich genaue Bewertung der Fakten wird das Geheimnis lüften."

Im Lichte der neuesten Forschung scheint demnach so manches darauf hinzuweisen, dass vor vielen Jahrhunderten fruchtbare Beziehungen zwischen Asien und Amerika bestanden. Einflüsse der Kulturen Cheu (Nord-China, 700 bis 500 v. Chr.), Dong-Song (Annam, 400 v. Chr. bis 100 n. Chr.) und Khmer (Kambodscha und Kochinchina, 800 bis 1200 n. Chr.) sind anscheinend bis in die Neue Welt vorgedrungen. Als schwer widerlegbarer Beweis ist zum Beispiel die Wiedergabe eindeutig asiatischer Motive, wie etwa die der Lotosblume, an prähispanischen Baudenkmälern Mittelamerikas einzustufen. Als die ersten chinesischen Einwanderer sich in der ersten Hälfte des 19. Jahrhunderts in Peru ansiedelten, stellten sie mit Erstaunen fest, dass sie sich mit den Indios von Etén, einem Fischerdorf in der Nähe von Lambayeque, dessen Einwohner sich von den sonstigen Bewohnern des Landes durch andere physische Eigenschaften unterschieden, ohne Sprachschwierigkeiten verständigen konnten.

Als das kaiserliche China die Welt erkundete

Die Route des buddhistischen Priesters Huishen schlugen die Chinesen spätestens im Jahre 1421 n. Chr. noch einmal ein, als die letzte und größte aller chinesischen Flotten die Segel zu einer weltumspannenden Entdeckungsreise setzte. Unter dem megalomanischen Ausnahmekaiser Zhu Di, dem Sohn des Himmels, maßlos in allem, was er anpackte, wurden die Werften von Longjiang bei Nanking um das Doppelte vergrößert und viele neunmastige „Schatzschiffe", die in ihrem gigantischen Bauch riesige Mengen von Gütern aufnehmen konnten, sowie unzählige Wachboote und schnelle Kriegsschiffe gebaut – mit dem Ziel, eine Seemacht zu schaffen, die alle Ozeane der Erde umschließen würde. Rund 20 000 Schreiner, Tauflechter und Zimmerleute waren an diesem gigantischen Vorhaben beteiligt. Die von ihnen hochgerüstete Armada der Superlative, deren Schiffe mit Schießpulverkanonen und Mörsern aus Messing und Eisen bestückt waren, hatte den Auftrag, bis ans Ende der Welt weiterzufahren, Tribut von den Barbaren jenseits der Meere zu erheben und allen Menschen unter dem Himmel die Harmonie der konfuzianischen Philosophie zu vermitteln.

Auf der Brücke der größten Dschunke wachte Großadmiral Zheng He (1371–1433), ausgestattet mit dem kaiserlichen Siegel, über das bedeutendste nautische Unternehmen, das China je ersonnen hatte. „Rau wie eine Orange", beschrieb ein damaliger Chronist das Gesicht des gelben Odysseus. Seine buschigen Augenbrauen „glichen Schwertern", die Stirn der

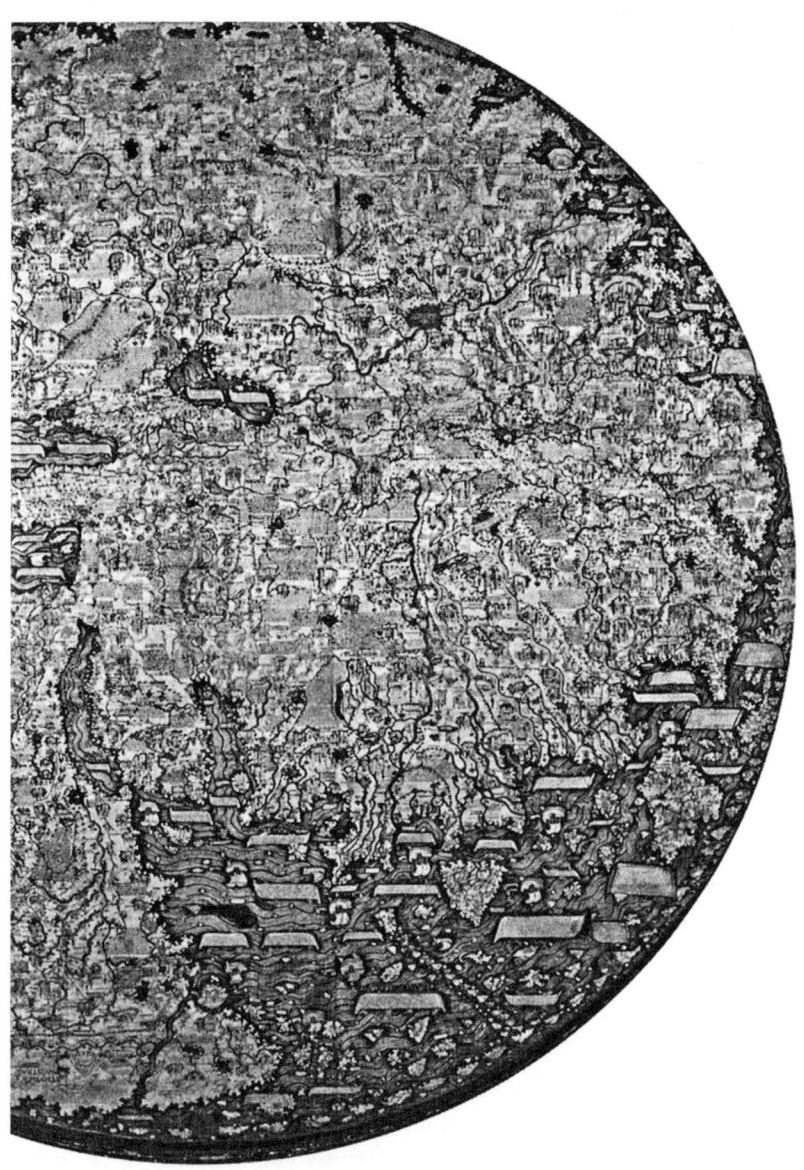

Die Weltkarte des Fra Mauro (1459) mit Europa und Afrika

Noch heute auf den Weltmeeren unterwegs:
hochseetüchtige chinesische Dschunken

eines „Tigers". Dem grimmigen Kapitän mangelte nur das Kennzeichen männlicher Potenz: die Hoden.

Dass die chinesische Flotte des Kastraten unter anderem auch die süd-, mittel- und nordamerikanische Pazifikküste erreicht haben musste, belegen z. B. die vielen asiatischen Hühner, die schon vor Kolumbus von Chile bis Kalifornien zu finden waren, blassblaue Eier legen und in vielerlei Hinsichten anders sind als die europäischen Vögel, von denen sie sich nicht nur durch ihre Kämme, Federn, Sporen, Beine, Hälse und Köpfe unterscheiden, sondern auch in der Größe und nach ihren Namen. Als die Spanier und Portugiesen nach Amerika kamen, stießen sie auf malaiische Hühner, Hühner mit schwarzem Fleisch, Hühner mit gekräuselten Federn und chinesische Cochin-Hühner.

Wenn die Chinesen damals Hühner nach Amerika beförderten, nahmen sie den Mais, der aus Amerika stammt und vor dieser Fahrt in China unbekannt war, mit in ihre Heimat. Auch die schöne, duftende, wild wachsende Cherokee-Rose, die ursprünglich aus Südostchina kommt, wurde wahrscheinlich von chinesischen Seeleuten, die auf ihren Dschunken Rosen in Töpfen hielten, in die Neue Welt transportiert. Der Amaranthus oder Fuchsschwanz, eine nordamerikanische Getreideart mit hohem Proteingehalt, gelangte im frühen 15. Jahrhundert von Amerika nach Asien. An den Pazifikküsten von Costa Rica, Panama und Ecuador entdeckten die ersten Europäer Kokosnüsse, die ihren Ursprung im Südpazifik nehmen.

In seinem historischen Sachbuch „1421. Als China die Welt entdeckte" bringt der Hobbyhistoriker und frühere U-Boot-Kapitän Gavin Menzies es auf den Punkt: „Nur die Chinesen können Getreide aus Amerika nach Asien, Rosen und Hühner aus China nach Amerika und Kokosnüsse vom Südpazifik nach Ecuador gebracht haben."

Bereits 1874 glaubte der amerikanische Forscher Stephen Powers, der damals jahrelang Daten über die Sprachen der kalifornischen Indianer sammelte, linguistische Beweise dafür entdeckt zu haben, dass es am Russian River in Kalifornien eine chinesische Kolonie gegeben habe, deren Siedler sich während Jahrhunderten mit einheimischen Indianern vermischt hätten. Ihre Nachkommen waren anscheinend hellhäutiger als die eingeborene Bevölkerung an der Küste. Laut Powers schmückten sich die Männer der älteren Generation im Gegensatz zu anderen Indianerstämmen mit prachtvollen Bärten, während die Frauen „so stolz auf ihre schwarzen Haare" waren „wie die Chinesen".

Importierten die Chinesen ihre Lacktechnik nach Mexiko?

Im bereits zitierten Werk „1421. Als China die Welt entdeckte" behauptet Gavin Menzies, er habe die deutlichsten Spuren des chinesischen Einflusses in Uruapan, dem Zentrum der „maque"-Kunst, in den westmexikanischen Bergen gefunden. Hier hätten die Chinesen ihre Lacktechnik hinterlassen, die bei der Ankunft der ersten Europäer in den mexikanischen Bundesstaaten Chiapas, Guerrero und Michoacan bis hinauf nach Sinaloa am Golf von Kalifornien blühte:

„Die Dekorationstechniken und die Farben, die zur Anwendung kommen, sind in Mexiko und China ebenfalls bemerkenswert ähnlich, wobei leuchtende Rottöne auf tiefschwarzem Untergrund besonders beliebt sind. In beiden Ländern wird das traditionelle Schwarz aus pulverisierten, verbrannten Tierknochen oder Maiskolben gewonnen. Die Dekorationstechniken, mit denen in den heutigen Staaten Südmexikos gearbeitet wird, sind die gleichen wie in China und Japan. Das Muster wird mit der Spitze eines Kaktusstachels eingeritzt, der in den Kiel einer Truthahnfeder gesteckt wird. Mit dem weichen Teil der Feder wird der überschüssige, herausgelöste Lack oder maque entfernt. Die feinen, eingeritzten Linien werden dann mit einer Kontrastfarbe aufgefüllt, wobei bei jedem Arbeitsgang nur eine Farbe aufgetragen wird. Zwischen den einzelnen Arbeitsgängen muss immer wieder getrocknet, geschmirgelt und poliert werden. Das Endprodukt, der wunderschön dekorierte Teller oder das fertige Lackkästchen, ist in beiden

Ländern so ähnlich, dass es für Laien kaum möglich ist, das Ursprungsland zu erraten."

Dass sich dieses kunstvolle und zeitaufwendige Verfahren in den beiden weit voneinander entfernten Ländern unabhängig voneinander entwickelt haben könnte, erachtet der Autor als unwahrscheinlich: „Aber die Lacktechnik ist nicht die einzige Kunstform, bei der es Ähnlichkeiten zwischen Westmexiko und China gibt. Beide haben sehr ähnliche, ungewöhnliche Methoden zur Gewinnung der Farben entwickelt, die sie für ihre Kunstwerke verwenden. Krapprot, Indigoblau, Purpur und Sepia sind ausgefallene Farbstoffe, die leuchtende Farben ergeben, die aber auf sehr komplizierte Weise gewonnen und fixiert werden. Auch in diesem Fall erscheint mir eine rein zufällige Übereinstimmung als höchst unwahrscheinlich."

Chinesische Siedlungen in Amerika

Dass die Chinesen mit dem Doppelkontinent Amerika nicht nur handelten, sondern von Kalifornien bis Peru zwischen 1421 und 1423 Kolonien gründeten, davon gibt sich Gavin Menzies überzeugt, der eine eindrucksvolle Liste von angeblichen Beweisen für die Landung der chinesischen Schatzflotte in Nord- und Südamerika zusammengestellt hat:

„Es gibt auch linguistische Spuren der Anwesenheit von Chinesen in Südamerika. Segelschiff heißt in Kolumbien chamban und in China sampan. Floß heißt in Südamerika balsa und auf Chinesisch palso. Ein Floß aus Baumstämmen heißt in Brasilien jangada und auf Tamilisch ziangada. Bis ins späte 19. Jahrhundert sprachen die Bewohner eines Bergdorfs in Peru Chinesisch. Ein ganzer Berg von Beweisen – Wracks, Blutgruppen, Architektur, Malerei, Sitten, sprachliche Übereinstimmungen, Technologie, Artefakte, Färbemittel, Pflanzen und Tiere, die zwischen China und Südamerika hin und her transportiert wurden – deutet auf einen intensiven chinesischen Einfluss an der gesamten Pazifikküste Mittel- und Südamerikas und im Binnenland hin. So breit gestreut und intensiv ist dieser Einfluss, dass man den Kontinent in dieser Zeit fast als ‚Chinesisch-Amerika‘ bezeichnen könnte."

Der Preis für die chinesische Erforschung der Welt, nicht nur des Doppelkontinents Amerika, war sehr hoch. Die meisten Schiffe der Armada gingen verloren, drei Viertel der Besatzung starben während der zweijährigen Fahrt (1421–1423) oder wurden in den über den ganzen Planeten verstreuten Siedlungen zurückgelassen, riesige Summen mussten aufgebracht werden. Selbst das chinesische Riesenreich war einfach überfordert. Trotz der

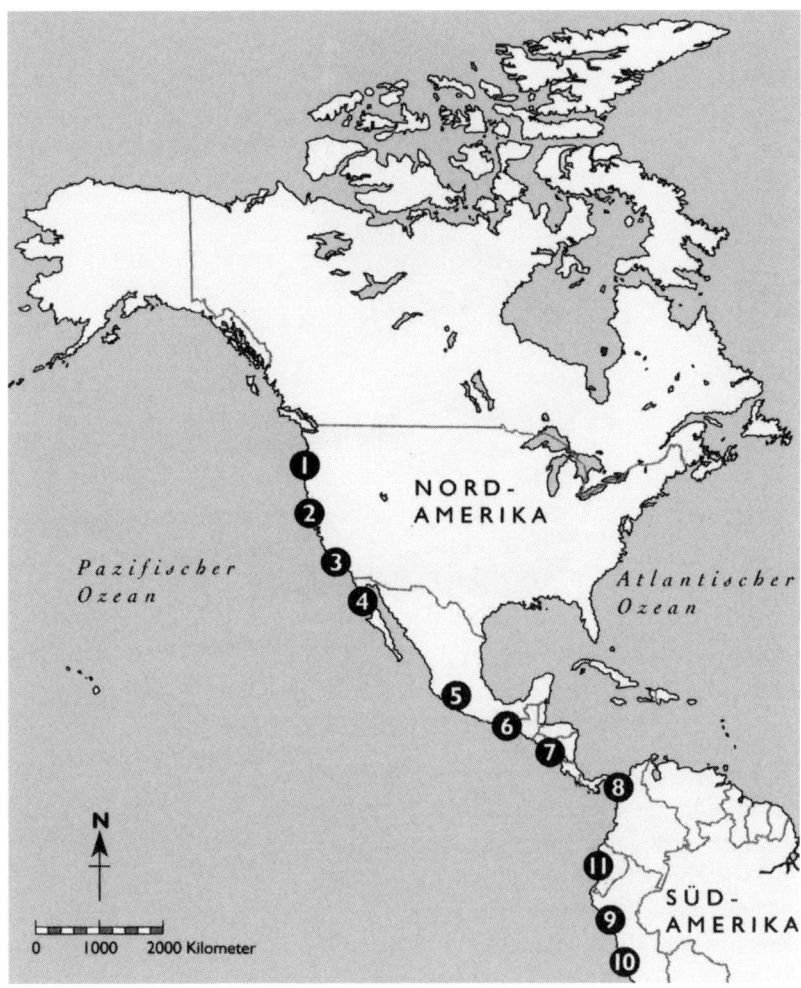

Karte mit chinesischen Stützpunkten an der amerikanischen Pazifikküste

gewaltigen Leistung, die in der Geschichte unübertroffen bleibt, zeitigte diese außergewöhnliche Entdeckungsreise der Chinesen keine dauerhaften Folgen. Denn als die wenigen Schiffe, die von der gigantischen Schatzflotte übrig geblieben waren, im Herbst 1423 nach Hause segelten, war China erneut im Begriff, sich von der Außenwelt abzuschotten. Der megalomanische Ausnahmekaiser Zhu Di, den noch vor zwei Jahren große Visionen vorwärts getrieben hatten, war durch mehrere Schlaganfälle zu einem gebrochenen Mann geworden, der im Sterben lag. Seine Nachfolger schafften

Olmekische Figurine mit mongolider Physiognomie
aus La Venta, Mexico.

alles ab, was ihm heilig gewesen war. Sie verunglimpften Zheng Hes Ära der
Seefahrt, Entdeckungen und Kontaktaufnahme mit der Außenwelt als kost-
spieligen Irrweg und gaben in kaiserlichen Edikten den Befehl, die Seefahrt
– so wie Zheng He sie betrieben hatte – abrupt zu beenden: „Kein Zoll Segel
darf mehr gesetzt werden." Die Flotte des Drachenthrons ließen sie einfach
verrotten. Der Hochseehandel wurde per Dekret verboten. Der Großadmiral
Zheng He – so glauben Historiker – fiel Intrigen am Minghof und einer
innenpolitischen Restauration zum Opfer. Lange und abenteuerliche Han-
dels- und Entdeckungsreisen waren fortan nicht mehr möglich. Die chinesische Erkundung der Welt gehörte endgültig der Vergangenheit an.

Als der orangenhäutige Eunuch Zheng He im Jahr 1433 62jährig im Indischen Ozean starb, schrieb man auf seinen Gedenkstein: „Wir haben den
Wellen getrotzt, himmelhoch wie Berge, und wir sahen weit entlegene Bar-
barenwelten, versteckt hinter einem unendlichen Dunst aus blauem Licht."

Ganz nüchtern kann man heute behaupten, dass außer Poesie und Exo-
tik seine Törns China nur wenig gebracht haben. Obwohl es damals im
Reich der Mitte eine blühende Wissenschaft und eine zu Teilen wirklich
multikulturelle Gesellschaft gab, dauerte die Zeit des großen Aufbruchs nur

wenige Jahre, blieb Chinas Griff zur Seeherrschaft ein kurzes Intermezzo. Die beharrenden Kräfte der konfuzianisch gesinnten Bürokratie trugen den Sieg davon. Ihre Überzeugung, dass Handel und Auslandskontakte nur Gier und Habsucht im Menschen förderten, würgte jedes fortschrittliche Denken ab. Die Angst vor dem Neuen und Unbekannten triumphierte schließlich. Die Kreativität kam durch eine lähmende Staatlichkeit im Zeichen des so genannten Neokonfuzianismus ganz zum Erliegen. Der Rückzug in eine statische Ordnung, in eine fruchtlos-mechanische Innerlichkeit ließ China erstarren und in einen jahrhundertelangen Stillstand fallen.

Zheng He steht Pate bei Chinas Streben nach globaler Macht

Nicht nur in Amerika hatten sich die Chinesen stets kultiviert gegeben. Sie waren in der Tat der Anweisung des Kaisers Zhu Di gefolgt, „ferne Menschen mit Freundlichkeit zu behandeln". Sie hatten die Gebräuche der Fremdvölker stets geachtet und ihnen Seide und feinstes Geschirr angeboten. So stellten ihre Forschungsreisen eine Art Machtausübung des Mingreiches dar, die eher sanfter als harter Natur war. Ganz anders benahmen sich die 71 Jahre später in der Neuen Welt angekommenen Spanier und Portugiesen, die wie Berserker unter der eingeborenen Bevölkerung wüteten und heute als Kriegsverbrecher abgeurteilt würden. Sie waren eigentlich nur Trittbrettfahrer auf Seerouten, die die Chinesen längst erforscht hatten. Kartographische Aufzeichnungen der Fahrten des chinesischen Großadmirals Zheng He, die anscheinend 1428 über den Venezianer Nicolo da Conti, Reisegefährte des kaiserlichen Offiziers aus China, nach Venedig und bis nach Portugal gelangten, hätten – so Gavin Menzies – Kolumbus und Magellan geleitet und inspiriert. Kolumbus sei nicht ins Unbekannte gefahren: „Er konnte so weit sehen, weil er auf der Schulter von Riesen stand." Magellan sei von 1519 bis 1522 die erste Weltumseglung von Europa aus nur deshalb gelungen, weil auch er Zugriff auf umfangreiche Seekarten der Chinesen gehabt hätte.

Dass Langbärte aus dem fernen Jadereich 71 Jahre vor Kolumbus den amerikanischen Kontinent erschlossen, dass der kaiserliche Eunuch Zheng He ein Pionier der Seefahrt ganz anderen Kalibers war, dessen sind sich auch die heutigen Machthaber in China bewusst, die seit dem 11. Juli 2005 mit Feiern und Ausstellungen Zheng He als den ersten globalen Seefahrer des riesigen Landes herausstellen, als den höchsten Handelsreisenden und Botschafter der Mingdynastie, der über ein beeindruckende Zahl von seetüchtigen Schiffen und erfahrenen Matrosen verfügte, als er über Afrika hinaus bis nach Amerika vorstieß.

In den 1400 Häfen Chinas ertönten am 11. Juli 2005 die Sirenen und Nebelhörner aller Frachter, Ozeandampfer und Kriegsschiffe, womit Pekings Staatsrat den neuen chinesischen Tag der Ozeanfahrt beging und das Reich der Mitte, im Chinesischen auch Dalu (Festland) genannt, akustisch seine Zukunft als globale Seemacht einläutete. Und Zheng He wurde dabei zum Paten für das heutige Streben der Chinesen nach weltumspannender Macht. Je glorreicher die Vergangenheit, desto viel versprechender die Zukunft.

Amerika zur Römerzeit

Erlitten Seefahrer des antiken Rom um 200 v. Chr.
an der brasilianischen Küste Schiffbruch?

Zeugnissen einer Entdeckung Südamerikas durch Seefahrer des antiken Rom glaubt der in Rio de Janeiro forschende amerikanische Unterwasserarchäologe Robert Marx auf der Spur zu sein. Nach einer Reihe von Tauchgängen in der Bucht von Guanabara sagte er, er sei davon überzeugt, dass ein römisches Schiff um das Jahr 200 v. Chr. an der brasilianischen Küste Schiffbruch erlitten habe. In diese Zeit datiert er das Alter von zwei Amphoren, die ein brasilianischer Taucher vor Jahren in der Bucht gefunden hatte. Er selber sei auf zahlreiche Scherben von Krügen gestoßen, die etwa eine Fläche von der Größe dreier Tennisplätze bedeckten.

Der Gedanke, die Römer seien auf amerikanischem Boden gewesen, fußt nicht nur auf dieser neuen Entdeckung, sondern geht auf eine Reihe von früheren Funden zurück. Im 19. Jahrhundert fand man ein römisches Geldstück auf einer der Antilleninseln. Im Isthmus von Darien in Panama entdeckte man zu Beginn unseres Jahrhunderts eine Vase aus gebranntem Lehm mit authentischen römischen Geldstücken, deren Vorkommen in jungfräulichen archäologischen Schichten die Möglichkeit eines nachkolumbischen Transports ausschließt. 1918 stieß man in Tennessee in zwei Metern Tiefe auf ein anderes römisches Geldstück. 1943 grub James V. Howe am Ufer des Roanake in der Nähe von Jeffries (Virginia) einen alten Ofen aus, der wahrscheinlich römischen Ursprungs ist. Es folgten weitere Entdeckungen, wie das im Distrikt York in Pennsylvanien gefundene Amulett unbestimmter Herkunft, dessen römischer

CORBEAU DE DUILLIUS.

*Römische Galeere, wie sie im ersten punischen Krieg gegen die Karthager
eingesetzt wurde*

Einfluss unbestreitbar ist, oder die drei Pfeifen, die in Missouri, Virginia und North Carolina zutage gefördert wurden und mit römischen identisch sind.

In diesem Kontext ist auch der umgekehrte Hinweis interessant, dass die im ersten Jahrhundert v. Chr. gemalten Fresken aus Pompeji unter anderem Ananas und Früchte von Anonassquamosa oder Rahmapfel darstellen, deren ausschließlich amerikanischer Ursprung feststeht.

Cicero wusste von Amerika

Somit scheint sich die Schlussfolgerung aufzudrängen, dass die alten Römer in Amerika gewesen sein müssen. Ihre Spuren erstrecken sich jedoch über eine zu lange Zeit, als dass man sie einer einzigen Überquerung des Atlantiks zuschreiben könnte. Wahrscheinlich ist, dass römische Galeeren, die sich aus dem „Mare Nostrum" über die Straße von Gibraltar bis auf den Ozean hinausgewagt hatten, durch Meeresströmungen oder heftige Stürme mehrmals rein zufällig bis nach Amerika verschlagen wurden. So behauptet der lateinische Autor Cicero, dass das Römische Reich nur eine kleine Insel im Vergleich zum westlichen Kontinent sei, was darauf schließen lässt, dass die Römer von der Existenz des amerikanischen Festlandes wussten. Offenbar kannte Cicero den Bericht des Pomponius Mela und des Plinius, die davon erzählen, wie im Jahr 62 v. Chr. ein mit „Rothäuten" bemanntes Kanu an den Küsten Germaniens strandete, dessen Insassen dem Prokonsul in Gallien, Metellus Celer, als Sklaven ausgehändigt wurden. Dass die Römer, in deren Imperium Seefahrernationen heimisch waren, den Fuß in die Neue Welt gesetzt haben sollen, wird heutzutage als seriöse Hypothese gehandelt.

Die römischen Seefahrer, die bis in die Neue Welt gelangten, spielten gegenüber den karthagischen Seeleuten und Soldaten, die auch bis nach Amerika vorgestoßen waren, dieselbe Rolle wie die Wikinger gegenüber den Iren – zehn bis zwölf Jahrhunderte später: Sie verfolgten sie und mussten fatalerweise selbst den Fuß auf den Boden des neu entdeckten Kontinents setzen.

Ein Grieche im Dienst Roms auf großer Fahrt

So soll der Grieche Alexander, Kapitän eines römischen Handelsschiffes, im ersten Jahrhundert n. Chr. eine lange Seereise angetreten haben. Er sei bis nach Chersonesus Aurea, der „Goldenen Halbinsel", vorgestoßen, die heute Indochina heißt. Von da aus habe er Südkurs genommen und sei zwanzig Tage später in Zabai gelandet, an der Nordostküste Borneos.

Von hier aus sei er nach Osten gesegelt und habe nach „einer so großen Zahl von Tagen, dass man sie unmöglich zählen konnte" und „ohne Zwischenlandung" die wohlbekannte Stadt Cattigara erreicht.

Dieser Bericht stammt vom phönizischen Geographen Marinus von Tyrus, dessen gegen Ende des ersten Jahrhunderts n. Chr. verfasstes Werk verloren ging, aber von seinem Fachkollegen, dem in Ägypten tätigen romanisierten Griechen Claudius Ptolemäus (um 90 bis 160 n. Chr.), fünfzig Jahre später aufgegriffen und so für die Nachwelt gerettet wurde.

Als römische Schiffe bis nach Chan-Chan segelten

Dass in jener Zeit ein römisches Schiff im Fernen Osten weilte, ist weiter nicht verwunderlich. Als Rom das alte Phönizien und Griechenland seinem Mittelmeerreich einverleibte, hatte die Ewige Stadt am Tiber die Erbschaft Alexanders des Großen angetreten, der im Jahre 323 v. Chr. eine große Flotte von 800 Schiffen und 5000 Mann Besatzung im Gebiet des Persischen Golfs zusammengezogen hatte, die kurz vor seinem Ableben mit unbekanntem Ziel in See stach und wahrscheinlich so lange nach Osten segelte, bis sie an die Westküste Südamerikas gelangte. Das römische Handelsschiff, von dem der phönizische Geograph Marinus von Tyrus erzählt, war im ersten Jahrhundert n. Chr. dieselbe Route gefahren und bis nach Cattigara vorgestoßen.

In dem von Ptolemäus überbrachten Bericht liegt Cattigara auf 8° 30' südlicher Breite, das heißt auf der Höhe der späteren alten Chimu-Hauptstadt Chan-Chan im Moche-Tal, die sich im 14. Jahrhundert n. Chr. zur Zeit ihrer größten Machtfülle über eine Fläche von 18 Quadratkilometern erstreckte und zwischen 50 000 und 100 000 Einwohner umfasste.

Zweifellos verfügte Rom damals über Schiffe, die in der Lage waren, sich so weit außerhalb des Mare Nostrum zu wagen. Die Römer hatten Frachtschiffe von mehr als 2000 Tonnen, die außer ihrer Frachtladung noch über 600 Personen an Bord befördern konnten. Auch wenn die Römer keine ausgezeichneten Seeleute abgaben, so sollten wir aber nicht vergessen, dass

Römischer Hafen mit hochseetüchtigen Schiffen

so hervorragende Seefahrernationen wie die Phönizier und die Griechen zum Imperium Romanum gehörten. Die Häfen Palästinas und Ägyptens erschlossen den Römern das Rote Meer, während diejenigen Persiens ihnen Zugang zum Indischen Ozean gaben.

Welche Schlussfolgerungen lassen sich aus all diesen Erwägungen ziehen? Es ist ohne Weiteres denkbar, dass der Grieche Alexander im ersten Jahrhundert n. Chr. mit seinem römischen Schiff über Indochina Cattigara erreichte, das sich an der südamerikanische Westküste genau dort situierte, wo sich Jahrhunderte später Chan-Chan erhob, die Hauptstadt der Chimu, deren Kultur unbestreitbar asiatischen Einflüssen ausgesetzt war.

Die Römer, wenigstens in den ersten Jahrhunderten unserer Zeitrechnung, kannten die Westküste Südamerikas und liefen dort einen Hafen an, den sie der indischen Ortsbezeichnung entsprechend Cattigara nannten. Auch sie müssen mindestens 1400 Jahre vor Kolumbus in der Neuen Welt gewesen sein.

Trägt Lateinamerika seinen Namen zu Recht?

Ein Terrakotta-Kopf römischen Ursprungs hat die Diskussion um die wahren Entdecker Amerikas neu angeregt, wie das britische Wissenschaftsmagazin „New Scientist" Anfang 2000 berichtete. Roman Hristov, ein amerikanischer Anthropologe, glaubt, mit einer bereits 1933 im Toluca-Tal in Mexiko ausgegrabenen Skulptur, die in der Erde eines früheren Friedhofs ruhte, einen Beweis dafür gefunden zu haben, dass die Römer knapp 1300 Jahre vor Kolumbus in Mittelamerika gelandet seien.

Die Altersuntersuchung einer Tonprobe ergab, dass der Kopf mindestens 1800 Jahre alt sein müsse. Zudem sei der Stil der antiken Trophäe nicht mit der bekannten präkolumbischen Kunst zu vergleichen. In der Tat bestätigten Kunstexperten, dass der Kopf, der sich stilistisch keiner der alten Kulturen Amerikas zuordnen lässt, wahrscheinlich römischen Ursprungs sei. Zudem soll die Skulptur nicht erst nach dem offiziellen Jahr der Entdeckung nach Mexiko gekommen sein.

Die Berichte über die Ausgrabung legen nahe, dass der Tonkopf nicht später als 1510 als Totengabe vergraben wurde. Die Spanier entdeckten Mittelamerika jedoch erst ein Jahrzehnt später. David Kelly, Archäologe an der University of Calgary in Kanada, bestätigt diesen Zeitpunkt: „Das Fundstück war unter drei Erdschichten vergraben. Damit ist der Zeitpunkt so sicher bestimmt, wie es archäologische Methoden überhaupt zulassen." Auch andere Wissenschaftler sehen keinen Grund, warum ein erster Kontakt in der Antike nicht möglich gewesen sein sollte. Einfluss auf die kulturelle Entwicklung der Uramerikaner hatte die mögliche Begegnung mit den Römern jedoch nicht.

ST. BRENDANS
WUNDERSAME SEEFAHRT

Brendan aus Irland, der Heilige
der verlorenen Horizonte

„Während des ganzen Morgens kamen die Leute der Umgebung nach und nach zur Bucht herunter. Auf erdverkrusteten Traktoren fuhren die Bauern mitsamt allen Mitgliedern der Familie an, die sich am Fahrzeug festklammerten. Urlauber, die in diesem beliebten Erholungsgebiet ihre Tage verbrachten, rollten mit dem Auto vor. Studenten kamen auf Schusters Rappen. Und viele Zuschauer waren mit dem Fahrrad eingetroffen. Zwei Polizisten aus der Gegend kamen in ihrem fast elegant wirkenden blauen Streifenwagen angerollt und trugen amtliches Selbstbewusstsein zur Schau. Dienstlich waren sie hier, um bei dieser Menschenansammlung ein wenig nach dem Rechten zu sehen. Was sie aber eigentlich interessierte, war die Brendan, die sie genauso eingehend beguckten wie die übrigen Zuschauer auch. Eine kleine Gruppe von Geistlichen hatte es sich auf der oberen Mauer bequem gemacht und rief uns ihre Segenswünsche herüber. Unten am Kai drängte sich eine alte Frau durch die Menge näher heran und gab mir plötzlich ein Fläschchen Weihwasser in die Hand. ‚Gottes Segen mit euch allen, und dass ihr gut nach Amerika rüberkommt‘, sagte sie. ‚Wir beten jeden Tag für euch!‘ riefen im Chor einige Nonnen.“

Diese Menschenmenge war zusammengelaufen, um Timothy Severin und seine Crew zu verabschieden, die mit einem offenen Boot aus Leder den Atlantik herausfordern wollten, wie einst vor ihnen der heilige Brendan, ein irischer Mönch aus dem sechsten Jahrhundert n. Chr., in einer Nussschale aus Ochsenhaut Kurs auf das Verheißene Land im Westen genommen hatte.

Mittelalterliche Zeichnung der Abfahrt von St. Brendan mit seinem Boot aus Holz und Leder

Bauern wie Fischer, von denen einige lachten, andere sich bekreuzigten, waren von ehrfürchtigem Staunen ergriffen, als sie zum Brandon Creek auf Dingle (Irland) kamen, von wo aus der Forschungsreisende Timothy Severin 1976 in einem mit Tierhäuten bespannten Curragh nach Amerika in See stach, um den lateinischen Text „Navigatio Sancti Brendani Abbatis" – die „Reise des Abtes Sankt Brendan zu Schiff" – aus dem zehnten Jahrhundert n. Chr., die früheste Überlieferung einer Reisebeschreibung des irischen Abtes Brendan, auf seinen Wahrheitsgehalt zu überprüfen.

Die Legende vom Heiligen Brendan als Tatsachenbericht einer Transatlantikreise

In seinem Bericht „Tausend Jahre vor Kolumbus. Auf den Spuren der irischen Seefahrermönche" schildert Severin zunächst, wie er die alten Texte über die Atlantikfahrt Sankt Brendans studierte, der als der „Heilige der verlorenen Horizonte" zum Patron der Segler aufstieg und als „Brendan der Seefahrer" in die Annalen der Geschichte der Weltmeere einging.

Es musste dann festgestellt werden, ob Leder als Verkleidung für ein Hochseeboot stabil und wasserfest genug ist. Nach sorgfältigem Testen verschiedenster Lederarten fiel das Ergebnis positiv aus: Leder, das in einer

Der Nachbau der „Brendan" auf der Werft von Crosshaven

Lösung aus Eichenrinde gegerbt und darauf mit Wollfett präpariert wird, widersteht dem Seewasser.

Severin war nicht überrascht: Genauso waren Brendan und seine Seefahrermönche den lateinischen Texten zufolge mit ihrem Lederboot verfahren.

Stück für Stück bauten Severin und seine Mannschaft das Boot nach, das sie „Brendan" nannten. Ein korbähnliches Gerüst aus Holzrippen wurde mit Lederriemen zusammengehalten, danach nähten die Männer 49 Ochsenhäute über das Gerüst, wobei sie etwa 37 Kilometer gewachsten Leinen faden verbrauchten, und schließlich wurde der „Lederstrumpf" eingefettet.

Jetzt war die „Brendan" bereit für eines der aufregendsten Seeabenteuer der Gegenwart nach Thor Heyerdahls berühmten Floßreisen: Einmal lief das Boot im Sturm voll, dann drohte es im Packeis vor Grönland zu scheitern, als eine Eisscholle die Lederhaut aufriss; und zu guter Letzt wurde es sogar von einem riesigen Mörderwal verfolgt, der es wegen seiner proteinhaltigen Hülle für leichte Beute hielt ... Doch schließlich erreichten Severin und seine Crew 1977 die Neue Welt, das Gelobte Land im Westen, das Sankt Brendan und seine Mönche angeblich bereits 900 Jahre vor Kolumbus mit Erfolg angesteuert hatten.

Mit dieser unglaublichen Atlantiküberquerung, die er ganz im Geiste des Erlebnisarchäologen Thor Heyerdahl unternahm, lieferte Timothy Severin den Beweis dafür, dass irische Mönche nordamerikanischen Boden

Die „Brendan" auf hoher See

betreten haben und wahrscheinlich über Neufundland bis nach Florida und zu den Bahamas vorgestoßen sind.

Dass die Geschichte neu geschrieben werden muss, weil sich vor Jahrtausenden zwischen den Kontinenten auf den Weltmeeren weit mehr ereignete, als wir uns bislang vorzustellen vermochten, dafür gibt es Zeugnisse, vorgeschichtliche Funde: Kultstätten und Kulturgegenstände von gleicher Form und Technik, aber über Tausende von Meilen entfernt und durch Meere voneinander getrennt. Auch der Vergleich von alten Quellen, Handschriften, Sagen und Mythen, die von diesseits und jenseits der Ozeane stammen, lassen denselben Schluss zu.

Auf den Spuren einer frühen christlichen Missionierung

Im 16. Jahrhundert fiel den spanischen Patres zu ihrer größten Verwunderung auf, dass die Ureinwohner Mittelamerikas eine ganze Reihe von biblischen Episoden kannten, wie zum Beispiel die Geschichte von Eva und der Schlange, von Noah und der Sintflut sowie vom Turmbau zu Babel, die ihnen bis in die letzten Einzelheiten geläufig waren. Dass die Gestalten der Bibel mit indianischen Namen versehen und auch die Schauplätze in Amerika angesiedelt waren, ist weiterhin nicht erstaunlich. Christliche Missionare haben von alters her bei fremden Völkern den Inhalt der biblischen Überlieferung in die Sprache des Landes übertragen und die Heilige Schrift in die Umgebung und Gedankenwelt der zu bekehrenden Nationen eingebettet. Auch in Altamerika scheint man nach dieser Weisheit geschickter Missionare verfahren zu sein. Die inhaltlichen Übereinstimmungen zwischen der Bibel und den indianischen Mythen Mittelamerikas sind in der Tat so beachtlich, dass jeglicher Zufall von vornherein ausscheidet.

So gibt es bei den Mayas den Bericht einer Sintflut, die bis in alle Einzelheiten an Noah erinnert. Die größte Pyramide Amerikas, die sich in Cholula, südöstlich von Mexico City, erhebt, sei errichtet worden, behaupten die Indianer der Umgebung – und hier lässt der Turmbau zu Babel grüßen –, um den Himmel zu erreichen, aus dem die erzürnten Götter Feuer heruntergeschleudert hätten, um das frevelhafte Unternehmen zu vereiteln, wobei die Erbauer der riesigen Pyramide in alle Himmelsrichtungen verstreut worden seien und der eine des anderen Sprache nicht mehr mächtig gewesen sei. Cioacoatl, die aztekische Göttin der Mutterschaft, die zusammen mit einer Schlange dargestellt wird und auch „Schlangenfrau" heißt, brachte die Sünde in die Welt und gemahnt an die biblische Eva.

Als die Spanier in Mittelamerika ankamen, stießen sie zudem bei den dortigen Eingeborenenvölkern auf Riten und heilige Handlungen, die den christlichen Sakramenten unheimlich ähnelten.

So kannten die Azteken eine von den Priestern abgenommene Beichte, auferlegte Bußen und eine Absolution, wobei es zu bemerken gilt, dass die Verletzung des Beichtgeheimnisses aufs strengste geahndet wurde. Nach der Geburt eines Kindes begingen die Azteken eine Tauffeier, bei der der Kopf des Neugeborenen mit Wasser benetzt wurde, damit das Kind von der seit Anbeginn der Welt auf ihm lastenden Sünde rein gewaschen werde. Zum Schluss der Feier verkündete man den Namen des Kindes, den die Eltern ausgewählt hatten und der gewöhnlich einen der Vorfahren in Erinnerung rief.

Aus Maismehl und Blut zubereitete Gebäckstücke wurden von den Priestern bei bestimmten Gottesdiensten unter die Gläubigen verteilt. Diese geweihten Plätzchen galten als das Fleisch der Gottheit, das man mit großer Andacht und in tiefer Trauer verzehrte. Kranken ließ man diese heilige Speise auch außerhalb solcher religiöser Zeremonien zukommen. In vielen aztekischen Tempeln befand sich auch ein großes Kreuz als Gegenstand der Verehrung und Anbetung.

Auch wenn die hier geschilderten Bräuche oft in schroffem Gegensatz zur barbarisch anmutenden Religion der Indianer Mittelamerikas stehen, scheinen die eben dargelegten Sitten laut Jürgen Misch „die letzten Überreste und Spuren einer ursprünglich sehr erfolgreichen christlichen Missionstätigkeit" gewesen zu sein.

Christliche Heilsbringer mit nachhaltiger Wirkung

Wer aber hatte einst in Mittelamerika und auch in Peru die Rolle des christlichen Kulturbringers gespielt, der eine so nachhaltige Wirkung erzielt hatte? Ein einzelner Mensch war nicht dazu imstande gewesen. Es musste sich demnach um eine größere Anzahl von Missionaren gehandelt haben, die nicht nur gleichzeitig, sondern auch nacheinander über eine größere Zeitspanne hinweg in Amerika tätig gewesen waren.

Den Anlass zur Entfaltung der dortigen Hochkulturen sollen nach indianischer Überlieferung bärtige weiße Männer gegeben haben, die auf Schiffen über den Ozean kamen und an den Küsten dieser Gebiete landeten. Für die Tolteken und Azteken im Hochland von Mexiko war Quetzalcoatl, die „Gefiederte Schlange", der Anführer dieser geheimnisvollen Weißen. Die Mayas im südmexikanischen Yucatán nannten ihn

Kukulkan. Bei den Chibcha in Kolumbien kannte man ihn als Bochica, und bei den Inkas in Peru hieß er Viracocha.

Dass überall in Mittelamerika und in weiten Teilen Südamerikas sich der Mythos vom weißen Gott verbreitete, konnte nicht von ungefähr kommen. Welche geschichtlichen Tatsachen verbergen sich wohl hinter diesem Kernstück vieler indianischer Überlieferungen?

Quetzalcoatl bei den Tolteken und Azteken

Der Franziskaner Juan de Torquemada, der um 1550 nach Mittelamerika kam und fünfzig Jahre lang alle möglichen Berichte über Brauchtum und Mythologie der Indianerkulturen sammelte, beschreibt Quetzalcoatl eindeutig als einen Weißen, der bei den Tolteken in deren Hauptstadt Tollan eine neue Lehre weiser und milder Sitten einführte und sich gegen jedes Blutvergießen aussprach. So soll sich der empörte Quetzalcoatl bereits bei der bloßen Erwähnung des Wortes Krieg die Ohren mit Baumwolle vollgestopft haben.

In den aztekischen Mythen erscheinen die Tolteken als ein Märchenvolk in einem Schlaraffenland, ersteht die Toltekenzeit als Goldenes Zeitalter. Der Historiker Fray Bernardino de Sahagun (1499 oder 1500–1590), der sich in seiner „Historias General de las Cosas de Nueva Espana" („Allgemeine Geschichte der Angelegenheiten von Neuspanien") mit den vorspanischen Kulturen und Mythen befasst, nennt die Tolteken „die ersten, die in diesem Lande (Mexiko) die Menschensaat ausstreuten". Dieser gelehrte Franziskanermönch von gemischt indianischspanischer Abstammung, aus dessen Feder das erste vollständige Werk über das alte Mexiko stammt, schreibt ihnen außergewöhnliche Eigenschaften zu:

„Was immer die Tolteken mit ihren Händen verfertigten, war zart und schön, war sehr gut, beachtenswert und kunstvoll. Die Häuser, die sie errichteten, waren sehr schön, reich verziert, oft mit kostbaren grünen Steinen ausgelegt und mit Stuck zusammengehalten, so dass es wie Mosaik erschien ... So hervorragend waren diese Tolteken, dass sie alle mechanischen Kniffe kannten, und in all diesen Dingen waren sie ausgezeichnete Handwerker; sie waren Maler, Bildhauer, Tischler, Maurer, Künstler des Federschmuckes und der Keramik ... Sie waren die Erfinder des kunstvollen Federwerkes, und all das, was in alten Zeiten von ihnen gemacht wurde, zeugt von wundervoller Erfindungsgabe und von großem Geschmack."

So kam es, dass bei den Azteken der Ausdruck „Tolteke" nicht nur – wie im ursprünglichen Sinn – „Person aus Tollan" hieß, sondern darüber hinaus die Bedeutung von „vollendeter Baumeister" und „Wissender" erlangte. Tatsächlich war das Reich Tollan in den Augen der Azteken ein großer, mächtiger Zauberstaat, in dem es sich gut leben ließ. Alles spross im Überfluss, und es fehlte an nichts. Die Maiskolben waren so groß und schwer wie die Handwalzen der Mahlsteine, die Gemüsepflanzen erreichten Palmengröße, die Baumwolle wuchs gleich in roter, gelber, brauner, weißer, grüner, blauer und orangener Farbe heran und war fertig zum Weben, die Kakaobäume prangten in den vielfältigsten Farbtönen.

Quetzalcoatl, der Herr dieses Wunderreiches, von dem man sagte, er habe den Mais aus dem Totenreich geraubt und für den Menschen Schrift, Kalender, Medizin und Landwirtschaft erfunden, überbot alles bisher Dagewesene an Prunk und Reichtum: „Und er hatte Häuser, die aus grünen Edelsteinen, genannt Chalchihuites, hergestellt worden waren. Er hatte andere Häuser aus Silber, solche, die aus gefärbten und weißen Muscheln bestanden …, Häuser aus Türkis und Häuser aus reichen Federn … Der besagte Quetzalcoatl hatte alle Reichtümer der Welt aus Gold, Silber und grünen Steinen … Seine Untertanen waren sehr reich, und es fehlte ihnen an nichts. Es gab keinen Hunger, es fehlte kein Mais, ja, er war so reichlich vorhanden, dass die kleinen Maiskolben nicht gegessen, sondern zum Beheizen der Bäder verwendet wurden." (Sahagun)

Den aztekischen Mythen zufolge gab es in der Stadt Tollan Paläste aus Gold und kostbaren Federn, lebten dort „großartige Handwerker, fromme Beter, erfahrene Händler, Steinmetzen, Schreiner, Maurer, Künstler, die mit Federn und Ton arbeiteten, Spinner und Weber, groß gewachsene, rechtschaffene Männer, die sangen und tanzten, sowie Priester, die in der Sternkunde bewandert waren und die Tage, Jahre und Bewegungen der Sterne und Planeten genau festhielten".

Nachträglich erschien ihnen das Reich Tollan vollkommener, als es in Wirklichkeit war, stellten sich die Tolteken ihnen beispielhafter dar, als die neuen geschichtlichen Erkenntnisse es zulassen. In dem Maße, wie sie ihre angeblichen Vorfahren verklärten, steigerten die Azteken auch ihr eigenes Selbstbewusstsein.

Da sich in vielen Chroniken und Bilderhandschriften eine Unmenge von sich teils ergänzenden, sich teils widersprechenden Traditionen und Legenden finden, ist es nicht einfach, das Knäuel von Mythos und Geschichte zu entwirren und die von den Azteken idealisierten Tolteken in die historische Realität zurückzuversetzen.

War Quetzalcoatl ein Mönch aus Europa, der als Heilsbringer zu den Tolteken kam und ihnen ein neues, unerhörtes Wissen beibrachte? Wir wissen es nicht, wir können es nur vermuten.

Reliefdarstellung des Priesterkönigs Quetzalcoatl

Als ans Kreuz gebundener Gottmensch soll er an die Küste Mexikos angeschwemmt worden sein und schon bald rege Beziehungen mit den Tolteken geknüpft haben. Was wir historisch über ihn wissen, läuft auf folgendes hinaus:

In der zweiten Hälfte des neunten Jahrhunderts n. Chr. gründete er die sagenhafte Hauptstadt der Tolteken, Tollan oder Tula, 59 km nördlich vom heutigen Mexico City. In der Sprache Nahuatl bedeutet Tollan Hauptstadt und Mittelpunkt der Welt, heißt aber auch „Platz des Schilfrohrs" oder „Binsenstadt".

Obwohl sich Quetzalcoatl durch eine gründliche religiösmystische Ausbildung auszeichnete und sich durch besondere Frömmigkeit hervortat, stieß seine Herrschaft auf Widerstände. Es kam nämlich zu blutigen Rivalitäten zwischen den Anhängern Quetzalcoatls und den Verehrern des Furcht einflößenden Tezcatlipoca („Rauchender Spiegel"), dem Gott der Krieger und Zauberer. Als Hohepriester versuchte Quetzalcoatl die Menschenopfer einzuschränken und sie durch Darbietungen von Schlangen, Vögeln, Schmetterlingen und Blumen zu ersetzen. Auch führte er die Selbstkasteiung ein, weil er der Meinung war, dass das aus der Zunge und den Ohren abgezapfte Blut den Göttern als Geschenk genügen müsse. Weil aber die barbarischen Tezcatlipoca-Anbeter über diese Maßnahmen empört waren, stürzten sie den Reformator Quetzalcoatl auf dem Höhepunkt seiner Macht durch eine Palastrevolution.

Wie es zur Entmachtung des tugendhaften Priesterkönigs kam, schildern toltekische Sagen auf vielfältige Weise. Als Quetzalcoatl alt geworden war, kamen anscheinend die ihm feindlich gesinnten Zauberer des Gottes Tezcatlipoca zu ihm und hielten ihm einen Spiegel vor, in dem er sein eigenes Antlitz erblickte, das wie ein grober Holzklotz aussah. Entsetzt über seine Hässlichkeit, seine verwüsteten Gesichtszüge, die „voller Säcke" waren, seine scheußlichen Augenlider, die „Rüben" ähnelten, ließ Quetzalcoatl sich dazu verleiten, einen Zaubertrank zur Wiedergewinnung der Jugend zu sich zu nehmen. Die verjüngende Flüssigkeit aber war nichts als Pulque, ein berauschendes mexikanisches Getränk, das aus der Agavenpflanze gewonnen wird. In seiner Trunkenheit schändete er seine sittsame Schwester. Als er wieder nüchtern geworden war, wurde ihm bewusst, dass er durch die in seinem Rausch getriebene Blutschande seine priesterliche Reinheit verloren und dadurch sein heiliges Priesteramt entweiht hatte. Erfüllt von Scham, Reue und Trauer darüber, dass er sich von Dämonen zur Eitelkeit, zur Trunksucht und zu sexuellen Ausschweifungen hatte verführen lassen, beschloss er, seinem Königtum zu entsagen und sein Volk für immer zu verlassen. Im Jahr 897 n. Chr. trat er mit seinen Getreuen den Weg ins Exil an.

Auf der Flucht vor seinen Gegnern soll er die Golfküste erreicht haben, von wo aus er in einem Floß aus Schlangen nach Osten in See stach. Unverwüstlich ist die Sage, dass Quetzalcoatl vor seiner Abfahrt versprochen habe, er werde eines Tages zurückkehren und erneut die Macht an sich reißen. Als Hernan Cortés im Jahr 1519 über das Ostmeer kommend ins Land der Azteken einfiel, hielt der Aztekenkaiser Moctezuma II. den Spanier deswegen für den mit großem Gefolge wiederkommenden Gott.

Kukulkan bei den Mayas

Quetzalcoatl gelangte anscheinend bis nach Tlillan Tlapallan, wie die Zentralmexikaner die Halbinsel Yucatán nannten. Dort soll er von den Mayas aufgenommen und auch als Gott verehrt worden sein, bevor er im Jahr „Eins Rohr" sein Gewand aus Quetzalfedern und seine Türkismaske anlegte und sich selbst verbrannte, worauf seine Asche zum Himmel aufstieg und sein Herz sich in den Morgenstern verwandelte.

Tatsächlich berichten Mayalegenden von der Ankunft fremder Völker auf Yucatán zur selben Zeit, als Quetzalcoatl dort erschien. Diese erzählen auch von einem Anführer namens Kukulkan („Gefiederte Schlange"), der die Halbinsel unterworfen und seine Hauptstadt in Chichen Itza errichtet habe.

Das zeitliche Zusammenfallen der Flucht Quetzalcoatls aus Tollan mit dem Erscheinen eines kriegerischen Volkes auf Yucatán unter der Führung eines gleichnamigen Häuptlings lässt sich kaum als reiner Zufall beiseite schieben, wenn man weiß, dass es gerade in dieser Zeit auf Yucatan zu einer großen Verschmelzung der Mayas mit dort eingedrungenen Tolteken kam, was die archäologische Forschung in architektonischer und künstlerischer Hinsicht zu belegen vermag.

Bochica bei den Chibcha, Viracocha bei den Inkas

Auch das alte Kulturvolk der Chibcha in Kolumbien erhielt den Besuch eines Weißen namens Bochica, dem es sein Wissen verdankt. Die Chibcha beschrieben ihn als alten Mann mit sehr langem Bart, der einen Mantel trug, in der Hand einen Stab hielt, barfuß ging und am Kopf und an den Armen das Zeichen des Kreuzes mit sich führte. Eine Zeitlang weilte er unter den Indianern, bis sie ihn eines Tages wieder verließen. Später tauchte ein anderer Weißer auf, der angab, er sei erschienen, um Bochica zu ersetzen.

Hierbei scheint es sich also um die Ablösung eines Missionars durch einen anderen gehandelt zu haben. Ein Beweis für eine über viele Jahrzehnte, wenn nicht sogar einige Jahrhunderte hinweg planmäßig betriebene Indianermissionierung?

Historisch wissen wir, dass die Chibcha, auch Muisca genannt, an ein Weiterleben der Seele nach dem irdischen Dasein glaubten, wobei der Gute mit einer angenehmen Existenz belohnt, der Schlechte hingegen mit vielen Unannehmlichkeiten bestraft werden würde. Sie verehrten auch Bochica, den Gott der Krieger und der Könige, der von Osten zu ihnen gekommen sei und ihnen gute Sitten, gegenseitige Achtung und Liebe beigebracht habe. Bochica, der große Held ihrer Mythologie, soll auch ihr Volk einst vor den stetig ansteigenden Wassern einer großen Sintflut gerettet haben, indem er eine Wand des Guatavita-Sees öffnete, damit die Wassermassen ablaufen konnten.

In Peru hieß der weiße Heilsbringer Viracocha. Er soll einst mit seinen Landsleuten und deren Familien eine Insel des fast viertausend Meter hochgelegenen Titicaca-Sees als Wohnstätte auserkoren haben. Nach einem Überfall von feindlichen Indianern gelang Viracocha mit nur wenigen Getreuen die Flucht bis zur Pazifikküste, wo er zu Schiff entkommen konnte. Über Viracocha weiß Jürgen Misch in seinem Buch „Die gefiederte Schlange. Das Rätsel der weißen Götter Amerikas" Folgendes zu berichten:

„Ein sehr menschlich anmutender Gott! Auch er wird mit dem Symbol des Christentums in Verbindung gebracht: Die Legende sagt, er habe an einem erhöhten Punkt, weithin sichtbar, ein Kreuz aufgestellt und das Haupt eines Oberhäuptlings mit Wasser benetzt.

Außerdem stellten die Spanier nach der Eroberung Perus überrascht fest, dass es dort seit langem eine regelrechte Ohrenbeichte gab. Und in den Bergen fanden sie Einsiedler und asketische Gemeinschaften, den abendländischen Mönchsorden durchaus vergleichbar. Hinzu kam noch die Haut- und Haarfarbe vieler Mitglieder des indianischen Hochadels im Reich der Inkas. Pedro Pizarro, ein Vetter des Eroberers, schreibt: ‚Die Menschen sind weizenblond, und einige waren sogar weißer als die Spanier. Die Indianer sagen, dies seien Kinder der Götter.'

Viele Zeitgenossen hielten Pizarro wegen dieser Angaben für einen unzuverlässigen und nicht sehr glaubwürdigen Chronisten. Als aber dann in unserer Zeit große Mengen altperuanischer, also vorspanischer Mumien ausgegraben wurden, mussten sich die Zweifler – wieder einmal! – eines Besseren belehren lassen: Zahlreiche Mumien wiesen Reste von gewelltem braunem oder blondem Haar auf!"

Neuzeitlicher Kupferstich der Fahrt des St. Brendan mit
Darstellung von Seeungeheuern

Gottes gelehrte Vaganten in Mittel- und Südamerika

Dass die Indianer Mittel- und Südamerikas – im allgemeinen braunhäutig, schwarzhaarig und bartlos – ihre Kulturbringer als weiße Männer mit langen Bärten beschreiben, lässt eigentlich nur einen Schluss zu: Die Vorfahren dieser Indianer müssen irgendwann solche Menschen zu Gesicht bekommen haben.

Quetzalcoatl vermittelte den Tolteken sein umfangreiches Wissen in der Zeit um 850 n. Chr. In die Zeitspanne nach 850 n. Chr. fällt das Wirken Kukulkans bei den Mayas, die Einflussnahme Bochicas bei den Chibcha, der Eingriff Viracochas in die Geschichte der Inkas.

Der Gedanke liegt nahe, dass diese Heilsbringer der Indianer Mönche irischer Abstammung waren, die zunächst mit dem heiligen Brendan über den Atlantik gesegelt waren – mit dem erklärten Ziel, auch den Völkern auf der anderen Seite des Ozeans die Frohe Botschaft Christi zu übermitteln.

Alexander von Humboldt hat die Vermutung ausgesprochen, dass die Keimzelle der irischen Niederlassung in Amerika, die er „Weißmännerland" nannte, eine kleine Missionsstation in Florida gewesen sei, die sich aus einem ursprünglichen Kloster zu einer regelrechten Kolonie entwickelt habe, als immer weitere Schiffe aus Irland eintrafen und die Mönche zur Bekehrung der Heiden in alle Richtungen ausschwärmten. Von Florida aus dürfte es für sie nicht allzu schwer gewesen sein, auch bis nach Mexiko

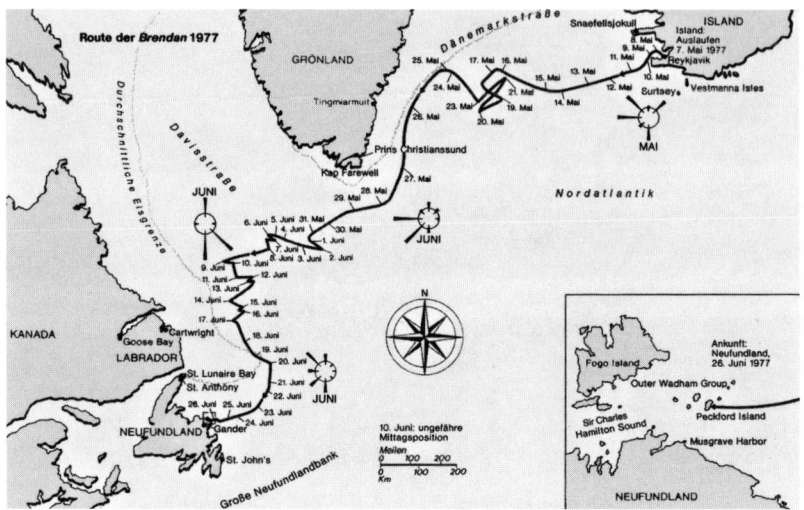

Karte mit der Route der „Brendan", die Timothy Severin 1977 zurücklegte

vorzustoßen, wobei es jedoch zu bedenken gilt, dass die ersten irischen Seefahrer in der Mönchskutte im sechsten Jahrhundert n. Chr. nach Amerika
gelangten, während Quetzalcoatl erst gegen 850 n. Chr. – also dreihundert
Jahre später – bei den Tolteken wirkte.

Jürgen Misch vermutet daher: „Allerdings hatte seit der Gründung der
Kolonie im sechsten Jahrhundert nicht nur eine Rassenmischung stattgefunden, sondern auch eine gegenseitige geistige und kulturelle Durch-
dringung. Wir müssen daher annehmen, dass die christliche Lehre hier, so
unendlich fern von der Alten Welt, eine starke Umformung und eine tief
greifende Veränderung ihrer Inhalte erfahren hat. Zwischen Brendan und
Quetzalcoatl liegen immerhin dreihundert Jahre.

So besteht – trotz Krummstab und Kreuzen auf dem Gewand – durchaus die Möglichkeit, dass der bärtige weiße Gott, als er aus dem Weißmännerland gen Süden zog, den Tolteken Dinge erzählte, die mit einer christlichen Predigt nur noch sehr wenig Ähnlichkeit hatten oder überhaupt
nicht mehr als christlich im engeren Sinne bezeichnet werden können. Aber
es war eine milde und gütige Lehre mit vielen biblischen Bestandteilen. Einige von ihnen sind den Indianern bis ins 16. Jahrhundert hinein im Gedächtnis geblieben."

Die Céilé Dé auf der Flucht vor dem Heiligen Stuhl

Das Christentum, das die irischen Mönche in Mittel- und Südamerika im Laufe der Jahrhunderte verbreiteten, war nicht mehr die Originalfassung der Lehre Christi. In ihrem „Ireland it Mikla" – ihrem Großirland jenseits des Ozeans – tauften sie die Eingeborenen in den Flüssen, die sie oft in Anlehnung an die Bibel Jordan nannten. Die in Amerika tätigen Iren gehörten der christlichen Sekte der Céilé Dé an und waren Laienpriester. Sie lebten als Junggesellen in mönchischen Gesellschaften und predigten Tugend, Moral und Reue. Sie standen ein für ein Gedankengut, das sich einzigartigerweise mit der Moralphilosophie deckt, die der berühmte Priesterkönig Quetzalcoatl den Tolteken von Tollan vermittelte.

In die Lehre der Céilé Dé flossen zahlreiche heidnische Elemente keltischen Ursprungs ein, die der Heilige Stuhl in Rom nicht gutheißen konnte und deswegen als Ketzerei verdammte. In ganz Irland bedrängten romtreue Missionare die Céilé Dé, zu deren Vernichtung sie unermüdlich anhielten. Die Céilé Dé entzogen sich dem Zugriff ihrer lästigen Verfolger, indem sie in See stachen in der Hoffnung, irgendwo im Westen nach ihren religiösen Prinzipien leben zu können. Über Island und Grönland gelangten sie an die Küsten Neufundlands und gründeten ihre Kolonie Großirland an der Stelle, die heute Neuengland genannt wird. Von ihrem späteren Vorstoß nach Süden künden vor allem die Grotten von North Salem (New Hampshire), deren Keller den ersten Mönchsbehausungen des Mittelalters ähneln.

Dass die Céilé Dé sich auch in den Gebieten Carolinas, Georgias und Floridas aufgehalten haben, gilt heute als sehr wahrscheinlich. So geht in einem Bericht des amerikanischen Geographen J. Johnston aus dem Jahr 1819 die Rede von einer Legende, die diesem von Indianern Floridas und South Carolinas zugetragen wurde. Die Eingeborenen erklärten ihm, ihre Vorfahren aus der Mitte des 18. Jahrhunderts hätten behauptet, Weiße mit Waffen und Werkzeugen aus Eisen hätten ihre Wohngebiete Jahrhunderte früher besiedelt.

DIE WIKINGER-SAGA

Führte eine Fata Morgana die Drachenboote westwärts nach Amerika?

Der Drachenkopf mit dem aufgesperrten Rachen ragte hoch über den Bug. Die rothaarigen Männer auf den Bänken ruderten gleichmäßig. Um die Ruder hatten sie Felllappen gewickelt, damit kein Knirschen ihre Ankunft verraten würde. Die Dollenlöcher waren mit Tran beschmiert worden, so dass die Riemen weder quietschten noch knarrten. Die Ruderschläge, die wie weiches Tropfen in der Dunkelheit klangen, waren kaum wahrnehmbar. Lautlos und unheimlich wie Fabelwesen aus einer anderen Welt glitten die schnellen Drachenboote dahin. Ein leichtes Schaben am Schiffsboden zeigte an, dass die Kriegerschar angekommen war. Mit ihrer kleinen Flotte tauchte sie urplötzlich aus dem Morgendunst über der Nordsee auf und brach mit Feuer und Stahl in eine friedliche Welt ein. Blanke Schwerter blitzten im fahlen Tageslicht, hohe Bugsteven schoben sich auf den Strand, schreiend stürmten die Angreifer auf die ersten Häuser der Siedlung zu, in der Rechten das Schwert, in der Linken den Schild, die Streitaxt im Gürtel. Die Überraschung war vollkommen ...

Wie oft wohl mag sich diese grausige Szene in ganz Europa wiederholt haben, als die Wikinger in der Zeit vom neunten bis ins elfte nachchristliche Jahrhundert mit ihren wendigen und hochseetüchtigen Drakkars die Meere und die Flüsse beherrschten?

Wikingerschiff im Museum Brygdoy, Norwegen

Männer übers Meer verweht

Wie Hornissen schwärmten die „Salzwasserbanditen", wie man damals die beutegierigen „Nordmänner" nannte, über England, Irland, Frankreich um Spanien herum durch das Mittelmeer nach Italien aus. Die „schrecklichen Wölfe" aus dem Norden segelten auch in Deutschland den Rhein, die Elbe und die Oder aufwärts und erwiesen sich überall, wo sie vorbeikamen, als brutale Seeräuber, Plünderer, Brandstifter und Menschenräuber, denen nichts heilig war. Über die Ostsee fuhren sie bis nach Polen und Russland und auch dort die Flüsse hinauf bis weit ins Land.

Der Expansionsdrang und die Habgier der Äxte schwingenden Eroberer aus dem Norden trafen den zersplitterten Westen mit rücksichtsloser Wucht. Die schlanken, genial konstruierten Wasserfahrzeuge mit den gestreiften Segeln und den Drachenköpfen (Spitzengeschwindigkeit: über 20 Stundenkilometer) ermöglichten es ihnen, übers Meer zu kommen, die Flüsse und Fjorde hinaufzusegeln und ohne Häfen auszukommen. War den tatendurstigen Schippern aus Skandinavien ein Wasserfall im Wege, dann stiegen sie aus ihrem Boot und trugen es um das Hindernis herum. So gelangen ihnen blitzschnelle Überrumpelungsmanöver. Gefangene wurden versklavt oder gegen hohes Lösegeld freigelassen. Klöster und Kirchen, Städte und Siedlungen wurden schonungslos ausgeraubt und gebrandschatzt.

Im Osten hingegen mussten die Wikinger mit geschmeidigeren Methoden vorgehen. Dort waren sie vor allem Kaufleute, keine „Raufleute". „Traders not raiders", so will der würdige Nachfahre der weit gesegelten Abenteurer, Thor Heyerdahl, seine Vorfahren beschrieben wissen. In Polen und Russland traten sie vor allem als Händler auf, die Felle, Sklaven, Holz und Waffen gegen Seide, Salz, Gewürze und Silber tauschten. Als „hochgewachsen wie Dattelbäume, blond und von rosiger Gesichtsfarbe" wurden sie in einem alten Dokument dargestellt.

Ebenso grausam wie unternehmungslustig und tüchtig hatten sie ihr Netz über ganz Europa ausgeworfen, bis sie schließlich gegen Ende des elften Jahrhunderts mit ihren Siedlungen von den inzwischen erstarkten westlichen Staaten geschluckt wurden, sich – mittlerweile zum Christentum bekehrt – in eigene skandinavische Königreiche zurückgezogen hatten und im Laufe der Zeit zum Mythos aufstiegen.

Die Ahnen der heute weitaus friedlicheren Dänen, Schweden und Norweger hatten nicht nur ganz beträchtlich unsere Vorfahren beunruhigt, wie schreckerfüllte Chroniken berichten, sondern zudem zwischen 790 und 1086 n. Chr. die Landkarte der bekannten Welt entscheidend verändert: Bei ihren abenteuerlichen Raubzügen gelang diesen Hochseefahrern auch der große Sprung über den Nordatlantik in die Neue Welt. Vor tausend Jahren – 982 n. Chr. – setzte der erste Nordländer, der Isländer Erik der Rote, wegen seiner auffallenden Haar- und Bartfarbe so genannt, seinen Fuß auf die Vorposteninsel Nordamerikas: Grönland, die er überschwänglich „Das grüne Land" taufte.

Das Traumland jenseits des großen Meeres

Im gleichen Jahr sichtete Bjarne Herjolfsson von seinem aus dem Kurs verschlagenen Schiff aus die Küste Amerikas, die er nicht betrat, weil er kein Entdeckungsreisender war, sondern den Auftrag hatte, eine Fracht nach Grönland zu befördern, das er nach etlichen Irrfahrten schließlich auch erreichte.

Angeregt von Bjarnes Bericht beschloss der älteste Sohn Eriks des Roten, Leif der Glückliche, das geheimnisvolle, erspähte Land auszukundschaften. Mit fünfunddreißig Mann segelte er die Route der unfreiwilligen Reise Bjarnes in umgekehrter Richtung. Von Südgrönland aus fuhr er nordwärts und stieß dann über die Davis-Straße nach Westen. In der Höhe der grönländischen Disco-Bucht, wo die Davis Strait mit nur vierhundert See-kilometern am schmalsten ist, setzte Leif Eriksson in die Neue Welt über. Er landete zunächst auf Baffins-Island und nannte das öde bergische Gletschergebiet Helluland, „Gletscherland". Dann wandte er sich südwärts, streifte die Küste von Labrador, die er wegen der vielen Wälder Markland, „Waldland", taufte, und erreichte nach zwei Tagen eine andere Landschaft und Klimazone, die er mit Vinland bezeichnete, was wahrscheinlich soviel wie „Weideland" oder „Wiesenland" bedeutet. Leifs Expedition hatte Neu-fundland erreicht, errichtete dort ihr Winterlager und kehrte im folgenden Frühling nach Grönland zurück.

Nach der Entdeckungsreise Leifs des Glücklichen, die etwa im Jahr 1001 endete, machte sich Thorvald, der zweitälteste Sohn Eriks des Roten, mit dreißig Mann nach Vinland auf, wo er die von Leif gebauten Häuser fand, in denen er mit seinen Leuten überwinterte. Als er im Frühjahr auf Ex-plorationskurs entlang der nördlichen Küste Vinlands ging, stieß er auf Amerikas Ureinwohner, die „Skraelinge" („Schmächtige"), die aus ihren Fellbooten die Wikinger mit Pfeilen beschossen. Thorvald, der als ein-ziger verwundet wurde, erlebte die zweite „Vinland"-Überwinterung seiner Schiffsbesatzung nicht mehr, die dann ohne ihren Kapitän den Heimweg antreten musste.

Weil Thorstein, der dritte Sohn Eriks des Roten, sich verpflichtet fühl-te, den Leichnam seines Bruders aus Vinland heimzuholen, rüstete er eine neue Expedition, an der auch seine Frau, die schöne Gudrid aus Island, teil-nahm. Weil diesmal Wind und Wellen ihr Schiff nicht voranbrachten, lan-deten sie zu Winterseinbruch wieder in Südgrönland, wo Thorstein Eriks-son erkrankte und mit vielen Männern seiner Besatzung starb.

Nachdem Gudrid, Thorsteins Witwe, den wohlhabenden Überseekauf-mann und Kapitän Thorfinn Karlsevne geheiratet hatte, unternahmen beide mit sechzig Männern und vier Frauen eine weitere Fahrt nach Vin-land, wo sie sich diesmal mit allen Arten von Vieh niederlassen wollten. Ob-wohl sie zu Beginn ein freundschaftliches Verhältnis zu den Eingeborenen hatten, kam es zu ersten Reibereien, die mit Mord und Totschlag endeten. Wie vorher die Reise Thorvalds, scheiterte auch dieser Versuch, in Vinland eine Dauersiedlung zu errichten, an den „Skraelingen".

Die nächste und vorläufig letzte Vinland-Fahrt trat Eriks des Roten Tochter Freydis mit zwei Schiffen an. In der Vinland-Siedlung kam es zu einer blutigen Auseinandersetzung über den Oberbefehl, den Freydis nicht den Männern überlassen wollte. Eine der beiden Besatzungen wurde Mann für Mann aufgerieben: Freydis selbst soll mit einer Axt die Frauen der getöteten Seeleute ermordet haben.

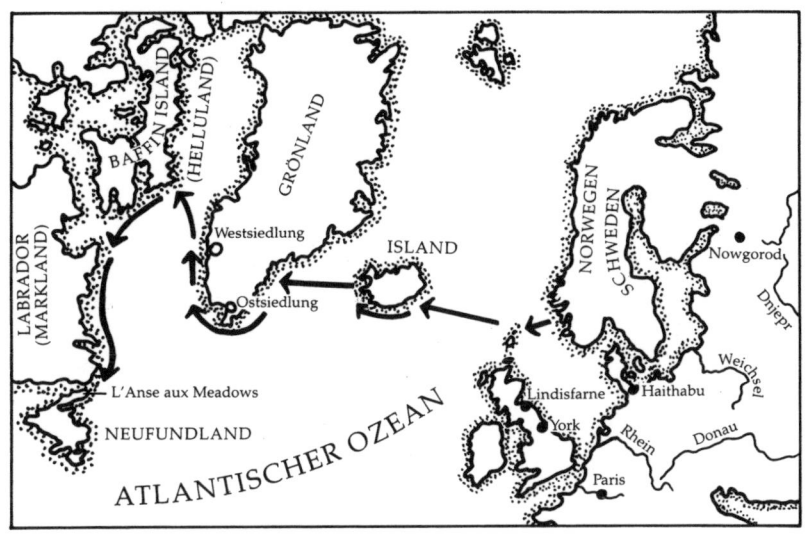

Karte mit der möglichen Seeroute der Wikinger nach Amerika

Die erregende Saga von den vier Vinlandreisen

In großen Umrissen ist dies die Geschichte der frühen Wikingerreisen nach Amerika, folgt man den nordischen Sagenberichten.

„Von den vier nach der ‚Grönländersaga' durchgeführten Vinlandreisen", schreibt der Journalist Harald Steinert in seinem Buch „Tausend Jahre Neue Welt. Auf den Spuren der Wikinger in Grönland und Amerika", „ist die erste lediglich eine Erkundungsreise, die nicht zu dauernder Inbesitznahme des Vinlandes führen soll ... Die beiden nächsten Reisen, mit Versuchen zur Daueransiedlung, müssen wegen der Attacken der ‚Skraelinge' beendet werden. Nur die vierte und letzte Fahrt, die der axtschwingenden Erikstochter Freydis, endet mit freiwilliger Rückkehr, also ohne vorausgegangene Attacken durch Skraelinge. Doch diese Reise ist ohnehin nicht mehr als ‚Landnahmefahrt' geplant, sondern einzig zur Erzielung von kaufmännischem Gewinn (aus Holz und Perlen), und sie wird sicher auch deshalb abgebrochen, weil nach dem Mord an der Besatzung des zweiten Schiffs die Stimmung unter der überlebenden Mannschaft ganz gewiss keine Pioniertaten im Neuland fördert."

Als Schlussfolgerung drängt sich die Überlegung auf, dass die Neuankömmlinge in der Neuen Welt vor den Angriffen der Eingeborenen, der „Skraelinge", zurückwichen, obwohl sie unbesiegt blieben. Mit ihren

Waffen und ihrer Gefechtstechnik erwiesen sich die Wikinger den Ureinwohnern als leicht überlegen. Trotzdem vermochten sie sich auf die Dauer in ihrer festen Siedlung, ihrem ortsgebundenen Bauernhof mit seinen Viehherden, nicht gegen eine wachsende Feindesmacht zu behaupten. In Vinland waren die auf der Jäger-Sammler-Stufe stehenden nomadischen „Skraelinge" die Stärkeren. Die Grönländer mit ihrer höher entwickelten Bauernkultur erkannten klar, dass sie in dieser Auseinandersetzung den Kürzeren ziehen würden, und nahmen die Konsequenzen auf sich. So gaben sie schon bald nach der Jahrtausendwende den Kolonisationsversuch auf Vinland auf, auch wenn sie noch jahrhundertelang von Zeit zu Zeit die Nordostküste Amerikas zur Holzbeschaffung und Fellerbeutung anliefen.

Der abenteuerliche Westwärtsdrang der Wikinger, der die Nordleute über Grönland hinaus bis nach Neufundland und vielleicht noch weiter südwärts geführt hatte, war gebrochen. Sie konzentrierten sich jetzt darauf, das menschenleere Grönland zu besiedeln, wo sie sich konkurrenzlos wähnten. Aus der Landnahme entstand ein kleiner selbständiger Staat mit einigen tausend Einwohnern. Diese verteilten sich auch über dreihundert Bauernhöfe mit einem Dutzend Kirchen locker gestreut entlang den Fjorden und Tälern Westgrönlands, wo ihr Vieh auf fetten grünen Wiesen weiden konnte. 1261 verzichtete Grönland auf seine Unabhängigkeit und begab sich unter die Schirmherrschaft des norwegischen Königs. Dadurch ergab sich die politische Zugehörigkeit zu Dänemark – das Norwegen gewissermaßen beerbte –, die bis 1985 dauerte.

Als Eskimos die Wikinger auf Grönland ausrotteten

Während dieser Zeit kam es zu einem geheimnisvollen Wechsel im ethnischen Charakter der Grönländer. Die Wikinger verschwanden sozusagen über Nacht, ohne Spuren zu hinterlassen. Plötzlich machten sich die Eskimos auf Grönland breit. Mit diesem Drama endete die Eroberung der Neuen Welt durch die Nordmänner.

Als die ersten europäischen Viehzüchter-Bauern 982 auf Grönland eintrafen, wussten sie nicht, dass zur gleichen Zeit zweieinhalbtausend Kilometer weiter nördlich auf der Höhe von Thule amerikanische Jägernomaden den Fuß auf die Insel setzten. Es wird heute angenommen, dass die „jungsteinzeitlich" ausgerüsteten Eskimos mit ihren Steinmessern, Knochenpfeilen und Harpunen irgendwann zum Angriff auf die mit Schwertern, Lanzen und Streitäxten bewaffneten und mit Kettenpanzern und Helmen geschützten Nordleute übergingen, weil sie sich von ihnen in der Seehundsjagd gestört wähnten. Obwohl die Angreifer in der Waffentechnik und Kriegführung den Wikingern unterlegen waren, hatten sie alle taktischen Vorteile auf ihrer Seite. Als ortsbewegliche Nomaden bildeten sie geschlossene Kampfgruppen, die unerwartet auftauchten und im Nu wieder verschwanden, während die Nordmänner an ihre Höfe und ihr Vieh gebunden blieben. Indem die Eskimos Wachholderholz sammelten, es vor die Türen und Wände der Grönlandbauern legten und ansteckten, gelang es ihnen, die Wikinger auszuräuchern, die sich auf ihre Höfe hinter meterdicke Rasensodenmauern zurückgezogen hatten. Durch den von den schwelenden Rasensoden entwickelten Qualm wurden die Eingeschlossenen zum Ausfall gezwungen, bei dem sie zur Zielscheibe der Harpunen und Pfeile wurden. Auf diese barbarische Art und Weise wurden die europäischen Grönländer von den Eskimos regelrecht ausgerottet. Damit verloren die Wikinger ihre Zwischenstation auf dem Weg in die Neue Welt.

Wer stoppte den Vorstoß der Wikinger in Nordamerika?

Waren die Eskimos, die sich von ihrem „Landeplatz" in Nordgrönland im Raum von Thule langsam nach Süden vorschoben, dieselben „Skraelinge", mit denen die Wikinger in Vinland zusammenprallten? Oder anders ausgedrückt: Waren die Gegner der amerikasüchtigen Nordmänner Eskimos oder Indianer?

Die „Skraelinge", die Thorvalds Wikinger aus Fellbooten mit Pfeilen überschütteten, waren wahrscheinlich Eskimos, weil indianische Kanus zumeist aus Birkenrinde bestehen. Der Kornspeicher, den Thorvalds Männer auf einer Erkundungsfahrt fanden, dürfte ein „cache" gewesen sein, in dem Indianer ihr Fleisch aufbewahrten. Die Marder- und Eichhörnchenfelle, die die Eingeborenen den Fremden anboten, waren zweifelsohne indianischen Ursprungs, da die Eskimos kaum tief genug in die großen Wälder eindrangen, um gerade diese Tierarten erlegen zu können. Die Leute von Kapitän Thorfinn Karlsevne machten in einer Schlacht mit den „Skraelingen" die unliebsame Bekanntschaft mit einem geheimnisvollen Geschoss, dessen Beschreibung auf die schreckliche Angriffswaffe der Algonkin-Indianer zutrifft, einen in eine frische Haut eingenähten Steinbrocken, den diese an einem langen Griff befestigten und dann gegen ihre Feinde schleuderten, bei denen die feste Kugel mit furchtbarem Krach einschlug und Entsetzen verbreitete.

Die rekonstruierte Wikinger-Siedlung L'Anse aux Meadows auf Neufundland

Da die wikingischen Schiffsbesatzungen beträchtliche Entfernungen durchmaßen, kann man von der Voraussetzung ausgehen, dass sie in Nordamerika sowohl mit Eskimos als auch Indianern zusammentrafen, beide Völker aber kaum auseinander halten konnten. Archäologische Funde haben ergeben, dass zur fraglichen Epoche die Eskimos nach Süden bis zu den Küsten Neufundlands vorgestoßen waren, dass aber auch Indianer aus dem Landesinneren dorthin wanderten. In der Tat hatten während der Wikingerzeit die Völker der Algonkins und der Irokesen den größten Teil dieses Küstengebiets inne.

Der norwegische Forscher Helge Ingstad fand 1963 an der Nordspitze Neufundlands in L'Anse-aux-Meadow, einem kleinen Dorf auf dem Kap, einige kleinere und größere Hausplätze, die er ausgrub. Die von ihm entdeckten Reste von gestampftem Lehmfußboden, die Umrisse von Mauern aus Rasenstücken, ein paar Feuerstellen mit Aschengruben, einige Eisenstücke, ein großer steinerner Amboss und eine Spinnwirtel stellten sich eindeutig als Spuren von Wikingerbesiedlung heraus. Ob diese Überreste von neun Bauwerken und einer primitiven Schmiede Leif Erikssons auf Vinland erbaute Häuser sind, lässt sich nicht mit letzter Sicherheit bestimmen. „Letztlich ist es auch nicht so entscheidend", merkte Helge Ingstad am Ende des Rechenschaftsberichts seiner Entdeckung an, „ob es wirklich Leifs

Häuser sind. Was zählt, ist die Tatsache – die durch archäologische Funde und die Radiokarbon-Testmethode gesichert ist –, dass es sich bei den Hausplätzen von L'Anse-aux-Meadow um die Überreste einer Siedlung der Nordmänner aus der Zeit um 1000 n. Chr. handelt."

Vor 1000 Jahren stießen die Wikinger bis in die Gegend des heutigen New York vor

Es wird heute nicht mehr bezweifelt, dass die Grabungen in L'Anse-aux-Meadow Speicher und Vorratskammern der Wikinger zutage gefördert haben. Die Fundstätte war offensichtlich eine Art Übersee-Terminal, wo im Eskimogebiet eingehandelte Ware gelagert wurde, bevor die dickbäuchigen Handelsschiffe („Knorren") der Nordmänner diese ins 2500 Kilometer entfernte Brattahlid auf Grönland schaukelten. Die Frage, wie weit die Vinland-Reisenden bei ihren Erkundungsfahrten von ihrem Stützpunkt an der Nordspitze von Neufundland aus nach Süden vorgestoßen sind, ob sie bis nach Massachusetts, bis nach Rhode Island oder bis nach Virginia vorgedrungen sind, hat bislang noch keine definitive Klärung erfahren. Zu denken gibt jedoch der umstrittene Stein von Kensington, der am 8. November 1898 von einem Farmer namens Olaf Ohman in Minnesota gefunden wurde. Angeblich trägt der große rechteckige Stein eine Runeninschrift, die von einer Wikingerfahrt von Vinland aus nach dem Westen ins Innere des Kontinents kündet und so das Vordringen der Nordleute bis nach Minnesota zu belegen scheint.

Drei Nüsse der Art Juglans cinerea, die sich in den von Archäologen freigelegten Vorratskammern in L'Anse-aux-Meadow fanden, stammen von grauen Walnussbäumen, die etwa bis in die Höhe des US-Staats Maine wuchsen. Im selben amerikanischen Staat kam es zum spektakulären Fund einer Silbermünze, die aus der Zeit des norwegischen Königs Olaf des Stillen (1066–1093) datiert.

Die Wikinger sind wahrscheinlich noch weiter nach Süden vorgestoßen. Einige astronomische Angaben in der Grönländersaga legen die Vermutung nahe, dass der Endpunkt des Wikinger-Vormarsches noch tiefer südlich liegt. So soll der legendäre Leif Eriksson bis zum 40. Breitengrad, hundert Kilometer südlich von New York, vorgerückt sein.

Auch im hohen Norden unternahmen sie Langstreckentörns

Die Wikinger sind wahrscheinlich nicht nur südlich, sondern auch nördlich viel weiter gekommen, als man bislang angenommen hat. Auf Ellesmere Island, am Nordostzipfel Kanadas, nur noch gut 1000 Kilometer vom Nordpol entfernt, fanden der kanadische Wissenschaftler Peter Schledermann und sein Team Teile eines nordischen Kettenpanzers, Bootsnieten und Messerklingen aus Eisen, Überreste wollener Kleidung und Kupferteile – alles Materialien, die die Eskimos jener Zeit nicht kannten. Entstanden sind diese Stücke in der Zeit zwischen 1190 und 1390, ergaben Tests mit der Radiokarbon-Methode. Das Alter der Stoffreste, so berichtet Schledermann in der Zeitschrift „National Geographic", konnte etwa auf das Jahr 1250 datiert werden. Die Webart, das bestätigten dänische Fachleute dem kanadischen Team, entspricht Textilien aus der Wikinger-Kolonie in Südwest-Grönland, die seit dem zehnten Jahrhundert bestand.

Ob die Nordleute mit den Eskimos – zahlreiche ihrer Sommerlager wurden auf Ellesmere Island entdeckt – Handel trieben, ob sie mit ihnen in Reibereien verwickelt waren oder ob ihre Schiffe durch widrige Winde so weit nach Norden verschlagen wurden, ist ungeklärt. Die Siedlungen, deren Ruinen die Archäologen während der kurzen arktischen Sommer untersuchten, werden Eskimos zugeschrieben. Sie jagten hier an einem von Strömungen frühzeitig aufgetauten Teil des Eismeeres Vögel, Robben und Wale. Im Winter, so vermutete Schledermann, wichen sie auf das Eis aus und jagten Robben an den Luftlöchern, wo sie warteten, bis diese auftauchten und erlegt werden konnten.

Immerhin gibt es in den Überlieferungen einige Hinweise darauf, dass Wikinger bis Ellesmere Island vorgestoßen sein könnten: In den Grönland-Annalen wird für das Jahr 1266 eine Expedition beschrieben, „die weiter nach Norden gekommen" sei als irgend jemand zuvor. Und der englische Mönch Nicholas von Lynne brach 1360 auf, um das Gebiet nordwestlich von Grönland zu erkunden. Ob er es je erreicht hat und ob einer seiner Männer jenes eiserne Kettenhemd getragen hatte, dessen Überreste jetzt auf Ellesmere Island wieder ans Licht kamen, hofft Schledermann bei künftigen Grabungen herausfinden zu können.

Die Gewissheit der sicheren Rückkehr

Abenteuerlust, Wagemut, Unternehmungsgeist, Wissensdrang und Land-
hunger ließen die Wikinger über ganz Europa und über die damals bekannten Gestade hinaus ausschwärmen. Sie waren im Besitz hochsee-
tüchtiger Schiffe und hatten sich eine Navigationstechnik angeeignet, die
es ihnen ermöglichte, auch bei weit reichenden Entdeckungsreisen zielsicher zum Ausgangspunkt zurückzukehren. Ohne die Gewissheit, in ihren
Heimathafen wieder einlaufen zu können, wären sie vielleicht niemals zu
fernen Ufern aufgebrochen.

Sonnenkompasse – kleine Pfeilscheiben, mit denen sie den Horizont
einteilten und zielsicher navigieren konnten – erlaubten den Wikingern
eine genaue Orientierung bei ihren Langstreckentörns. Wegen des meist bedeckten Himmels kam die Sternennavigation nicht in Frage. Bei Windstille
ruderten die Nordmänner auf den Überfahrten bis zu sechzehn Stunden
ohne Unterbrechung. Bei Sturm blähten sich ihre Rechtecksegel im eisigen
Wind, und ihre wendigen Schiffe trotzten meterhohen Wellen.

Im Bannkreis der arktischen Fata Morgana

Dass es keine widrigen Winde waren, die etwa 1000 n. Chr. die Wikinger
nach Grönland und Nordamerika trieben, dass es auch nicht deren außer-
gewöhnliches Navigationsvermögen war, das sie zu neuen Küsten führte,
glauben die Wissenschaftler H. Leonard Sawatzky und Waldemar H. Lehn
von der kanadischen University of Manitoba. Sie sind der Auffassung, eine
arktische Fata Morgana habe die Wikinger geleitet, habe sie über große Entfernungen Land sehen und auf Entdeckungsfahrt gehen lassen.

Nach dieser These gibt es außer der Wüsten-Fata-Morgana mit ihren
Trugbildern eine arktische, die realistisch „Bilder" liefert, wie langjährige
Forschungen ergeben haben: Es ist ein visuelles Phänomen, bei dem unter
bestimmten meteorologischen Bedingungen ein Mensch über einen „gekrümmten" Horizont 60 Kilometer und weiter sehen kann.

Die beiden kanadischen Wissenschaftler sprechen von einem „Prisma-
Effekt" und weisen nach, dass der von einem bestimmten Punkt in Kanada 385 Kilometer entfernte Vatna-Gletscher gesehen werden kann, weil
er sich dem menschlichen Auge reflektiert darbietet. Der mehrere hundert Kilometer entfernte Punkt wird durch diesen „Prisma-Effekt" so weit
über die Erdkrümmung „angehoben", dass er theoretisch wie praktisch
auf einer geraden Ebene „gesehen" werden kann. Es sind die arktischen

Temperaturen, durch die die Lichtstrahlen so um das normale Erdenrund gezogen werden können, dass sie ein Abbild an einen gehobenen Horizont werfen.

Professor Lehn hat vom Ufer des Winnipegsees aus unter den Bedingungen der arktischen Fata Morgana eine Reihe von Fotos gemacht. Eines beispielsweise zeigt am Ende der Wasserfläche ein mit Bäumen gesäumtes Ufer, das in Wirklichkeit knapp dreißig Kilometer entfernt, jenseits des gekrümmten Horizontes liegt, aber dank den klimatischen Bedingungen, die eine arktische Fata Morgana erzeugen, deutlich zu sehen ist.

Ein vergessenes Kapitel der Geschichte wird wiedererweckt

Von der raumgreifenden Expansion der Wikinger ist nichts geblieben. Ihr Pendelverkehr zwischen den Erdteilen ist der Vergessenheit anheim gefallen. Ein amerikanischer Abenteurer namens Hodding Carter hat vor kurzem versucht, dieses dunkle Kapitel der Menschheitsgeschichte wieder zum Leben zu erwecken. 1997 segelte er 87 Tage lang an Bord des nachgebauten Wikingerschiffs „Snorri" durch die Labradorsee. Doch ein Ruder, das auf halber Strecke brach, erlaubte ihm nicht, die legendäre Reise von Leif Eriksson zu wiederholen. Carter, von Beruf Schriftsteller, ließ sich aber durch diesen Fehlschlag nicht davon abhalten, im Sommer 1998 erneut mit der nachgebesserten „Snorri" in Nuuk, Grönland, an den Start zu gehen. Mit seiner Crew lenkte er das Schiff an Robbenschwärmen und Eisbären vorbei, ließ es mit aufgeblähten Segeln durch die eisigen Fluten gleiten und half selbst bei Windstille mitrudern. Sogar die Nahrung hatte man den Wikingern abgeschaut: abends wurde nämlich Dörrfleisch gekaut. Nach 1800 Seemeilen Entsagung traf die Crew in der ehemaligen Wikingersiedlung L'Anse-aux-Meadow ein, wo 700 Schulkinder bei der Ankunft des Schiffes in Jubelrufe ausbrachen und den neuzeitlichen Haudegen, als diese an Land wateten, Beeren und Fladenbrot reichten.

Die Crew musste dieselben Strapazen durchstehen wie vor tausend Jahren die Nordmänner, die Harm Paulsen vom Haithabu Museum in Schleswig „enorm leidensfähig" nennt. Was war wohl die Triebfeder dieser verwegenen Matrosen? Schiere Gier nach Reichtümern wie Gold und Silber? Skandinavische Runensteine, die von den angehäuften „Schätzen" der Wikinger künden, deuten darauf hin. Neue Untersuchungen beschreiben die nordischen Seefahrer als geldgierige Kaufleute in einem weltumspannenden Handelsnetz, das von New York bis nach Bagdad reichte. Überall kreuzten ihre einfachen Knorren mit offenem Deck, ohne Klo und Kombüse.

Afrikanische Landeversuche in Amerika

Wie Schwarze aus Afrika sich von der Meeresströmung in die Neue Welt treiben ließen

Riesige, in Stein gemeißelte Menschenköpfe, deren Antlitze breite, flache Stupsnasen und dicke, wulstige Lippen aufweisen und zum Atlantik hinstarren, geben mit ihren negroiden Gesichtszügen Anlass zu endlosen Spekulationen über die Herkunft ihrer Schöpfer, der Olmeken, des bisher ältesten Kulturvolkes Mittelamerikas. Die in La Venta und Tres Zapotes, in einem Gebiet unweit der Meeresküste im tropischen Teil des heutigen mexikanischen Staates Veracruz, aufgespürten Riesensteinhäupter gelten als das Kennzeichen dieser altindianischen Zivilisation und sind für den Anthropologen Ivan Van Sertima von der Rutgers University der Beweis für deren afrikanischen Ursprung. Der amerikanische Wissenschaftler glaubt nämlich, dass bereits zwanzig Jahrhunderte vor Christoph Kolumbus Afrikaner den Seeweg nach Amerika fanden, sich mit den dort alteingesessenen Ureinwohnern vermischten und deren Kultur nachhaltig mitprägten.

Die schwarzen Könige von Kusch

Van Sertima ist der Auffassung, dass die ersten afrikanischen Einwanderer in Amerika aus Nubien – dem heutigen Sudan – stammten, dessen Geschichte mit der des alten Ägypten eng verbunden war. Nachdem die schwarzen Könige von Kusch, wie Nubien auch genannt wurde, jahrhundertelang den ägyptischen Pharaonenthron mit ihrer militärischen Macht unterstützt hatten, gründeten sie im achten Jahrhundert v. Chr. in

Eingeborenen-Boot aus Mali

Ägypten ihre eigene Dynastie und übernahmen die Zentralgewalt im zerfallenden Pharaonenreich. Zu diesem Zeitpunkt stießen die ersten Nubier nicht nur bis zum Mittelmeer vor, sondern sollen laut Van Sertima darüber hinaus im Gefolge der Phönizier bis nach Mexiko gekommen sein. Sie kannten bereits die Hochseeschifffahrt und pflegten ständige Kontakte mit phönizischen Kaufleuten, die mit ihren Handelsgaleeren möglicherweise bereits bis nach Amerika gelangt waren. Verschiedene olmekische Skulpturen sollen sogar bärtige Phönizier und ihre afrikanischen Begleiter darstellen.

Der Anthropologe aus den Vereinigten Staaten ist davon überzeugt, dass es danach noch weitere afrikanische Landeversuche in Amerika gegeben habe. Der wichtigste habe sich um 1310 bis 1311 n. Chr. ereignet, zur Zeit, als die malische Zivilisation in Afrika ihren Höhepunkt erreicht hatte.

Das afrikanische Königreich des Goldes

Geschichtsbücher erwähnen nur selten das Königreich von Mali und dessen hoch stehende Kultur, die sich um die wirtschaftlichen und kulturellen Zentren von Timbuktu und Djenne entwickelte.

Im 13. Jahrhundert n. Chr. glaubten die Gelehrten in Timbuktu, die Welt habe die Form eines Kürbisses und könne in ihrer ganzen Ausdehnung durchquert werden, wenn man immer in der gleichen Richtung weitersegele. Zu dieser Zeit unterstand das Mali-Reich dem König

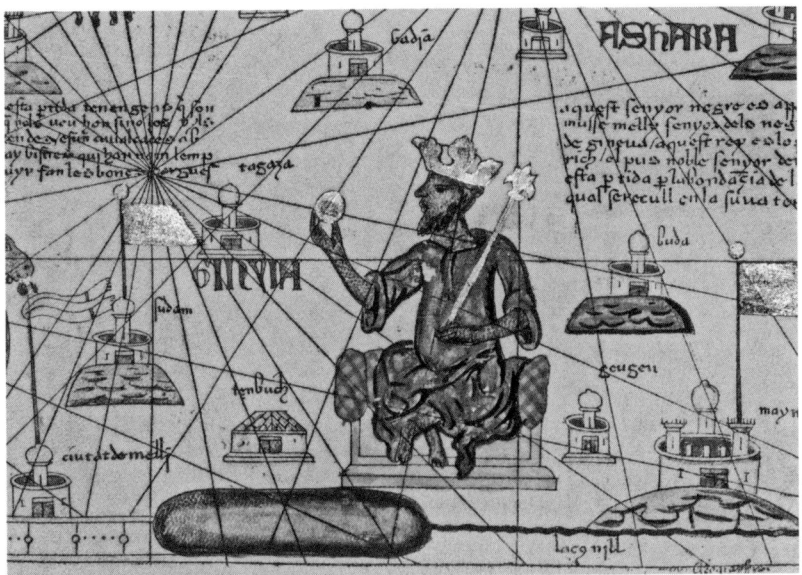

Karte des Königreichs Mali aus dem Jahr 1375

Aboubakar II., der über ein größeres Gebiet als Europa gebot und davon träumte, seinem Imperium unbekannte Länder jenseits der Ozeane einzuverleiben.

Alte arabische Dokumente, die seine Geschichte erzählen – wie der Bericht des Chronisten Ibn Fadlallah al Omari (1301–1348) –, und mündliche Überlieferungen, die bis heute in Mali überdauert haben, erlauben die Annahme – so Van Sertima –, dass der schwarze König eines Tages Hunderte von Handwerkern zusammenrief und ihnen auftrug, eine Flotte von zweihundert Schiffen und weiteren zweihundert Verpflegungskähnen zu bauen. Als das Geschwader fertig gestellt war, erteilte er seinen Männern den Befehl, die westlichen Meere mit diesem Schiffsverband zu befahren und nicht vor der Entdeckung Neulandes zurückzukehren. Doch schon recht bald kam ein Schiff zurück, dessen Kapitän dem König erklärte, dass eine starke Strömung die Flotte weit ins offene Meer hinausgetragen und er deswegen aus Angst den Rückweg angetreten habe. Mit dieser riesigen Strömung, einem echten Fluss im Meer, meinte der Seefahrer natürlich den Golfstrom.

Obwohl Aboubakar keine Kunde mehr von seiner Flotte erhielt, beschloss er eine zweite Expedition auszurüsten, deren Kommando er diesmal selbst übernehmen würde. 1311 vertraute er die Regentschaft des Königreichs seinem Bruder Kankou Moussa an und wagte sich weit auf den Atlantik hinaus. Auch seine zweite Flotte blieb verschollen.

Bislang hat niemand mit letzter Gewissheit feststellen können, ob die zerbrechlichen Feluken des Königs dem Ozean standhalten konnten, ob sie also Amerika tatsächlich erreicht hatten oder ob beide Flotten mit Mann und Maus untergegangen waren.

Als Kolumbus jedoch zwei Jahrhunderte später die Neue Welt entdeckte, stieß er 1497 auf der Insel Haiti, die die Spanier Hispaniola getauft hatten, auf Indianer, die ihm erklärten, sie hätten mit Schwarzen Handel getrieben und von diesen Lanzen mit einer Goldspitze erworben. Der Entdeckungsreisende verschaffte sich einige dieser Waffen und stellte fest, dass die Spitze aus dem gelben Metall 56 Prozent Gold, 25 Prozent Kupfer und 19 Prozent Silber enthielt, eine Legierung, die genau der Metallmischung entsprach, aus der die Spitzen der Lanzen entlang der Küste Guineas bestehen, von wo aus Aboubakar II. in See gestochen war. Die Indianer nannten diese Legierung „guanin", wozu Van Sertima bemerkt, dass in den westafrikanischen Dialekten das Wort „guanin" oder Varianten wie „kuanin" das gelbe Metall bezeichnen.

Und die Geschichte ist noch nicht zu Ende. Als Balboa 1513 in Panama einzog und den Pazifik entdeckte, durchquerte er ein Dorf, in dem Indianer eine Gruppe Schwarzer gefangen hielten.

In seiner Geschichte Mexikos, die er 1554 schrieb, erinnerte Lopez de Gomara an diese Episode: „Balboa fragte die Indianer, wo sie die schwarzen Gefangenen getroffen hätten. Die Eingeborenen konnten ihm keine genaue Auskunft erteilen. Sie wussten lediglich, dass die Männer dieser Hautfarbe in der Nähe lebten und einander beständig bekriegten. Das waren die ersten Neger, auf die man in der Neuen Welt stieß."

Waren diese Schwarzen Nachfahren von nubischen Einwanderern oder von Seeleuten aus Mali?

Schwarzafrikaner bei den Olmeken

Für seine Beweisführung stützt sich Van Sertima aber auch noch auf andere Belege, wie zum Beispiel die Analogien in Sprache und Sitte zwischen den Indianern Mexikos und den schwarzen Westafrikanern.

„Ich behaupte keineswegs", sagt er, „dass die Olmekenkultur durch Fremde gegründet wurde. Ich bin im Gegenteil davon überzeugt, dass amerikanische Ureinwohner zum allergrößten Teil für das Aufkommen dieser bemerkenswerten Zivilisation verantwortlich sind. Ich will lediglich aufzeigen, dass die Afrikaner auch präsent waren und ihr Scherflein zur Hochkultur der Olmeken beigetragen haben."

Van Sertima weist auch darauf hin, dass die gefundenen Riesenhäupter mit den negroiden Gesichtszügen einen merkwürdigen Kopfputz tragen, der an die runden Helme erinnert, die nubische Soldaten im ersten Jahrtausend v. Chr. aufhatten. Des Weiteren haben die Olmeken kleine Statuen mit – so Van Sertima – „africoiden" Merkmalen modelliert – bis hin zu Einzelheiten in der Haartracht. Warum, fragt er, sind diese mit schwarzer Farbe bemalt, während die Figuren ohne afrikanische Eigentümlichkeiten andersfarbig gehalten sind?

Trotz der von Van Sertima gesammelten Indizien steht die Mehrzahl der Anthropologen seiner Theorie skeptisch gegenüber.

Einer der größten Spezialisten der olmekischen Zivilisation, Michael Coe, Anthropologe in Yale, der eigenhändig einige der Kopfskulpturen ausgegraben hat, vertritt die Auffassung, dass „sie überhaupt keine Ähnlichkeit mit Afrikanern haben". Er gesteht zu, dass die gewaltigen Menschenköpfe mit den realistischen Zügen eine alte Dynastie darstellen, aber er gibt sich davon überzeugt, dass die stumpfen Nasen und wulstigen Lippen auf eine beschränkte Kunsttechnik zurückzuführen sind, die über keine metallenen Werkzeuge verfügte, um den Stein bis in die Tiefe zu behauen, was die Skulptoren dazu zwang, auf das Herausmodellieren allzu feiner Gesichtszüge zu verzichten.

Ironisch meint er: „Ich hoffe, dass in tausend Jahren niemand auf den Gedanken kommen wird, wir wären einst mit zwei Nasen und drei Augen ausgestattet gewesen, nur weil Picasso auf seinen Bildern die menschlichen Gesichter derart entstellt malte."

Mit Muskete und Schwert ins Paradies

Mit Kolumbus begann die Unterdrückung der amerindianischen Bevölkerung

Am 12. Oktober 1492 kam Christoph Kolumbus mit seinem Flaggschiff Santa Maria und den kleineren Karavellen Pinta und Nina als Letzter in die Neue Welt. Und doch hat er wie kein Entdecker vor ihm Geschichte gemacht. Erst durch seine Fahrt über den westlichen Atlantik wurde der Alten die Neue Welt geschenkt und das Tor der abendländischen Enge aufgestoßen. Seine Reise eröffnete Seewege, die bald den ganzen Globus umspannten. Das Mittelmeer, der Schauplatz der antiken und mittelalterlichen Geschichte, musste dem Atlantik seinen Rang als Zentrum der abend- und morgenländischen Völker abtreten. Mit Kolumbus brach das Zeitalter des Weltverkehrs, des Weltjahrhunderts und der Kolonisation an: mit Kolumbus „begann letztlich die Geschichte der einen Menschheit", wie es Otto Zierer formuliert.

Er kam nur bis nach Samana Cay

Christoph Kolumbus landete 1492 bei der Entdeckung der Neuen Welt nicht auf der Bahamainsel San Salvador, wie bisher allgemein angenommen wurde, sondern auf der kleineren, rund 100 Kilometer südöstlich gelegenen Insel Samana Cay, die zur selben Gruppe gehört. Zu diesem Ergebnis sind Experten der amerikanischen National Geographic Society gekommen, die in Washington über ihre mehr als fünfjährigen Untersuchungen berichteten. „Wir glauben, dass wir nach fünf Jahrhunderten eines der größten

Die Karavelle Santa Maria, mit der Kolumbus Amerika entdeckte

geographischen Rätsel gelöst haben", erklärt Joseph Judge, einer der leitenden Redakteure des „National Geographic Magazine", schon vor der Pressekonferenz. Die National Geographic Society beauftragte 1980 einen Experten für alte spanische Dokumente, Teile einer Zusammenfassung des Logbuches von Kolumbus, die von einem Priester im 16. Jahrhundert erstellt worden war, neu zu übersetzen. Das Original des Logbuches ist verschollen. Die Zusammenfassung enthält jedoch eine Beschreibung des Platzes, an dem Kolumbus am 12. Oktober an Land ging.

Anhand der neuen Übersetzung gingen Experten dann daran, die alltäglichen Situationen der dreiunddreißigtägigen Reise des Kolumbus von den Kanarischen Inseln aus zu errechnen. Sie stellten dabei fest, dass bisherige Kalkulationen Meeresströmungen und Windeinfluss nicht in Betracht gezogen hatten und außerdem davon ausgegangen waren, dass eine spanische Seemeile ungefähr 3,18 nautische Meilen ausmache. Die Fachleute der National Geographic Society entdeckten in Nachschlagewerken des 16. Jahrhunderts aber, dass die spanische Seemeile nur 2,82 nautischen Seemeilen entspricht. Mathematiker errechneten dann mit Hilfe von Computern, dass Kolumbus nicht auf San Salvador, sondern nur auf Samana Cay angekommen sein kann. Joseph Judge, der die neue Untersuchung ins Rollen gebracht hatte, suchte die Insel auf. Der Augenschein bestätigte exakt die Beschreibung, die Kolumbus von der Neuen Welt gegeben hatte.

Kolumbus und die Karten des Piri Reis

Damit hatte Kolumbus Amerika entdeckt oder vielmehr wieder entdeckt. Er war sich darüber bewusst, dass er einen neuen Kontinent aufgespürt hatte. In Lissabon musste der begierig suchende und forschende Seefahrer, Buchhändler und Kartenzeichner Kolumbus in den Besitz eines geheimnisvollen Buches mit genauen Kartenskizzen gekommen sein, über das der berühmte türkische Korsar und spätere Admiral Muhiddin Piri Reis schrieb:

„Ein Ungläubiger, der Columbus (Colon) hieß und der aus Genua stammte, entdeckte diese Länder. Ein Buch war in seine Hände gelangt, und er fand, dass darin geschrieben stand, am Ende des Westmeers, ganz im Westen, gebe es Küsten und Inseln und alle Arten von Metallen und auch kostbare Steine. Nachdem der Mann das Buch lange studiert hatte, ging er nacheinander zu allen Notabeln von Genua und bat sie: ‚Gebt mir zwei Schiffe, um dorthin zu fahren und diese Länder zu entdecken.' Sie sagten: ‚Hoffärtiger Mann, wie kann man eine Grenze am Westmeer finden? Sie verliert sich in Nacht und Nebel.'

Der besagte Columbus sah, dass er von den Genuesen nichts zu erwarten hatte, und eilte zum Bei von Spanien, um ihm seine Geschichte zu erzählen. Er erhielt dieselbe Antwort wie in Genua. Aber er bat die Spanier so lange, bis ihr Bei ihm schließlich zwei gut ausgerüstete Schiffe gab und sagte: ‚Columbus, wenn das eintrifft, was du sagst, so werde ich dich zum Kapudan dieses Landes machen.' Und nachdem er dies gesagt hatte, schickte der König Columbus auf das Westmeer."

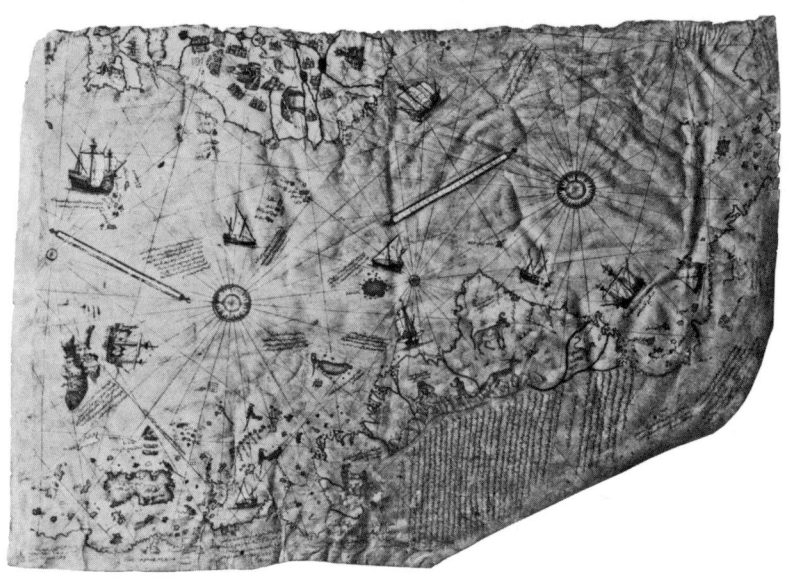

Die Karte von Piri Reis

Piri Reis wusste, wovon er schrieb. Denn durch seinen Onkel Kemal Reis, der 1501 eine Seeschlacht gegen spanische Schiffe gewann, gelangte er in den Besitz alter Karten, die ein spanischer Gefangener als diejenigen des Kolumbus bezeichnete, an dessen erster Entdeckungsreise er teilgenommen hatte. Laut Piri Reis stammte das Buch, dem die Karten entnommen waren, aus der Zeit Alexanders des Großen, also aus dem vierten Jahrhundert v. Chr., als das gesamte Wissen der damaligen Epoche in der vom Makedonierkönig gegründeten und am Westrand des Nildeltas gelegenen Hafenstadt Alexandria in einer aus mehreren hunderttausend Bänden bestehenden Bibliothek gesammelt und geordnet worden war.

Nach dem Studium dieser uralten, streng geheimen Karten zeichnete Piri Reis 1513 seine erste Skizze, auf die noch weitere folgten. Genau diese Landkarten fand Halil Edhem, der damalige Direktor der türkischen Nationalmuseen, am 9. November 1929 in einer Rumpelkammer des Topkapi-Palasts in Istanbul. Piri Reis hatte nämlich die Karten mit handschriftlichen Randbemerkungen versehen, wodurch sie unbestreitbar ihm zugeschrieben werden können. Zur Zeit des Piri Reis (1470–1524) war Amerika gerade wieder entdeckt worden. Trotz der Seereisen einiger Abenteurer war der neue Kontinent noch gänzlich unerforscht. Und trotzdem befanden sich auf den Karten des Piri Reis außer dem Mittelmeer und Europa auch Nord-

und Südamerika sowie die Antarktis – mit allen Gebirgszügen und Flussläufen.

Der türkische Forscher Dr. Afetinan kam in seinem Buch „Die älteste Karte von Amerika" zu der Schlussfolgerung: „Es kann heute nicht mehr bezweifelt werden, dass Piri Reis die Hand auf die von Kolumbus benützten Karten gelegt hatte."

Über die Exaktheit der Karten schrieb das Hydrographische Amt der Vereinigten Staaten: „Das Hydrographische Amt der Flotte hat eine alte Landkarte, die so genannte Karte des Piri Reis, geprüft. Sie wurde vor mehreren hundert Jahren hergestellt und ist so genau, wie es nur eine Aufnahme aus einem den ganzen Kontinent überfliegenden Flugzeug sein könnte. Auf den ersten Blick wollte das Hydrographische Amt es nicht glauben, doch es hat sich schließlich von der Echtheit der Karte überzeugt und sich ihrer sogar bedient, um einige Irrtümer der heutigen Landkarten zu korrigieren."

Auch der Spezialist Arlington Mallery prüfte das Kartenmaterial eingehend und gelangte zu folgendem Ergebnis: „Zu der Zeit, da die Karten angefertigt wurden, muss es nicht nur Forschungsreisende, sondern auch Spezialisten für Gewässerkunde gegeben haben, denn ein einzelner oder selbst eine Gruppe von Forschern kann nicht die Karte von Kontinenten oder riesigen Territorien anfertigen, wie es augenscheinlich vor einigen Jahrtausenden geschehen ist. Das können nur erfahrene Techniker, die mit der Astronomie ebenso vertraut sind wie mit den Methoden des Kartenzeichnens." Weiterhin vermerkte er: „Es ist mir unverständlich, wie diese Karten ohne die Hilfe der Luftfahrt angefertigt werden konnten. Außerdem sind die Längengrade absolut genau angegeben – was wir selbst erst seit zwei Jahrhunderten können."

Da auf den Karten des Piri Reis Grönland und die Antarktis in eisfreiem Zustand dargestellt werden und da namhafte Wissenschaftler den Beginn der Vereisung der Polgebiete auf 6000 bis 15 000 Jahre zurückdatieren, müsste dieses Kartenmaterial auf einer mindestens sechstausend Jahre alten Vorlage fußen, was aber mit allen bisherigen Theorien zur Geschichte der Menschheit und der Kultur nicht in Einklang zu bringen ist. Den Nachweis auf eine etwa zehntausend Jahre alte Hochkultur, auf die die Urfassung der Karten des Piri Reis zurückgehen würde, hat bislang noch niemand erbracht.

„Es war so, als ob er selbst schon dort gewesen wäre ...“

Trotz dieser ungeheuerlich anmutenden Schlussfolgerung, die sich zwangs-
läufig aus den Landkarten des Piri Reis ergibt, bleibt jedoch wahr, dass
Kolumbus wusste, er würde jenseits des Ozeans auf unerschlossenes Land
stoßen. Wenn das, was Piri Reis behauptete, der historischen Wirklichkeit
entspricht, verfügte Kolumbus am 2. August 1492, als er den Hafen von
Palos verließ und in den Atlantik hinaussegelte, über eine genaue und vollständige Karte der Neuen Welt.

Die Ereignisse dürften sich damals ungefähr so abgespielt haben: Nachdem Kolumbus in Lissabon, der damaligen „Hauptstadt der Seefahrt“, auf
kein Interesse für seine geplante Entdeckungsreise gestoßen war, wandte er
sich 1484 nach Kastilien, wo er erst zwei Jahre später dem Herrscherpaar
Ferdinand und Isabella seine Projekte persönlich erläutern konnte. Da es
aber am Hofe an Fachwissen mangelte, um sich objektiv mit dem Anliegen
des Seefahrers auseinandersetzen zu können, musste Kolumbus seine Idee
erneut vor einer Kommission von Gelehrten und Fachleuten vortragen, die
vier lange Jahre brauchte, um 1490 ein vernichtendes Urteil zu fällen.

Die Enttäuschung des Kolumbus war grenzenlos. Er hatte bereits seine
Frau verloren, seine Ersparnisse waren zusammengeschrumpft, sein Le-
benswerk bedroht. Völlig entmutigt und ohne materielle Mittel zog er sich
mit seinem kleinen Sohn Diego ins Franziskanerkloster La Rabida zurück,
wo er in Pater Juan Perez einen ihm treu ergebenen Freund fand. Im Kloster
lernte er auch einen wohlhabenden Unternehmer namens Martin Alonso
Pinzon kennen, der im nahen Hafen von Palos mehrere Schiffe besaß und
ihm von einer größeren Geschäftsreise erzählte, die er nach Rom unternommen habe, wo ihm ein enger Vertrauter des Papstes in der Vatikani-
schen Bibliothek eine alte, geheime Karte gezeigt habe, auf der westlich des
Atlantiks große Inseln und ein lang gestrecktes Festland eingetragen gewesen seien.

Bislang hatte Kolumbus wegen der spanischen Inquisition, die schreck-
lich wütete, es nicht gewagt, seine Karte von Amerika hervorzuziehen.
Wenn aber auch der Vatikan über eine ähnliche verfügte, dann konnte er
endlich reden und seine Informationsquelle der Öffentlichkeit preisgeben,
ohne von der Inquisition in die Mangel genommen zu werden.

Nach einer vertraulichen Unterredung mit dem Franziskanermönch
Juan Perez überstürzten sich die Ereignisse für Kolumbus.

Der Pater verfasste sofort einen Brief an die Adresse der Königin. Für
Isabella, die zuerst den Mönch, dann Kolumbus zu sich bestellte, war die
Existenz der Karte eine völlig neue Tatsache, die sie dazu bewog, Kolumbus

die von ihm geforderten Schiffe für dessen geplante Entdeckungsreise endlich zur Verfügung zu stellen. Kolumbus hatte sich also schließlich durchgesetzt. Dank seines Kartenmaterials gelang es ihm, die darauf eingezeichneten westlichen Küsten anzulaufen. Der Mönch Bartholomé de Las Casas, der mit ihm befreundet war, schrieb hierzu:

„So wie ich ihn verstand, hatte er schon die Gewissheit, dass er Länder und Völker entdecken werde, bevor er sich überhaupt entschloss, einen christlichen Fürsten um Hilfe und Rückendeckung zu bitten. Es war so, als ob er selbst schon dort gewesen wäre …"

Weil Kolumbus sich die Inquisition vom Leibe halten und kein unnützes Risiko eingehen wollte, hatte er sich mit Isabella darauf geeinigt, das Vorhandensein seiner ungewöhnlichen Karte zu verschweigen. Offiziell hieß es deswegen, Kolumbus sei von der Königin mit der Leitung einer Entdeckungsreise betraut worden mit dem erklärten Ziel, eine westliche Seeroute nach Indien zu erkunden. Die Königin Isabella und Kolumbus waren beide der Meinung, Namen seien nicht ausschlaggebend und später würde es sich sowieso herausstellen, dass man einen neuen, bislang fremden Erdteil erschlossen habe.

Ist die Bezeichnung Indianer stimmig?

Und so geschah es. Noch heute tragen die Ureinwohner der Neuen Welt den Namen Indianer oder Indios, und der Begriff Westindien ist zu einer Sammelbezeichnung für die gesamte mittelamerikanische Inselwelt geworden. Dass Kolumbus Recht hatte, die amerikanischen Eingeborenen Indianer zu taufen, behauptet der amerikanische Forscher Joseph Mahan. Dieser will herausgefunden haben, dass die Angehörigen bestimmter Stämme, die im US-Bundesstaat Oklahoma leben, von Völkern abstammen, die vor mehr als 5000 Jahren blühende Zivilisationen an den Ufern des Indus schufen.

Joseph Mahan war zusammen mit seiner Frau Kathryn zu einem fünfmonatigen Studienaufenthalt in Indien und Pakistan. Dort ging er Ähnlichkeiten zwischen Anwohnern des Indus und den Indianern in den Vereinigten Staaten nach. So will er entdeckt haben, dass indische Namen aus der Bronzezeit in mindestens einem Dutzend Fällen mit Namen nordamerikanischer Indianerstämme oder indianischer Siedlungen aus dem 16. Jahrhundert übereinstimmen.

Außer den sprachlichen Verbindungen – so Mahan – gibt es auch unverwechselbare Gleichartigkeiten zwischen amerikanischen Indianern und Bewohnern des Indus-Tales: das äußere Erscheinungsbild, Töpferei und

Handarbeiten, Kleidung und religiöse Lehren. Für den sichersten Beweis der Verwandtschaft hält der Forscher jedoch die Ähnlichkeit der Namen, die sich die Stämme selbst gegeben haben. Danach wären amerikanische Indianerstämme, wie Yuchi, Shawnees, Sauks und Foxes, Creeks, Cherokees, mit ziemlicher Sicherheit Nachkommen wanderlustiger Menschen vom Indus.

Schon in seiner Dissertation an der Universität von North Carolina hatte Mahan die Auffassung vertreten, daß die Yuchi von außerhalb Amerikas eine „voll entwickelte und hoch stehende" Kultur mit in den Südosten der USA gebracht hätten. „Ich bin schon lange überzeugt davon, dass ein Teil der amerikanischen Indianer aus einer weltweiten Kultur des Bronzezeitalters hervorging", meint er.

Der Wissenschaftler hält es für möglich, dass Vertreter der Kultur im Indus-Tal, die er als „Menschen der See" beschreibt, vor rund 5000 Jahren Schifffahrtsrouten zum südöstlichen Teil der heutigen USA entdeckt haben.

Auch wenn es sich herausstellen sollte, dass die Indianer nicht indischer Abstammung sind, bleiben sie immer noch asiatischen Ursprungs. Eine auffallende Ähnlichkeit zwischen den Amerikanern und der mongolischen Rasse stellte bereits der große Naturforscher Alexander von Humboldt fest. Die gelblich braune Hautfarbe in vielen Schattierungen, die dunklen Augen, das seidig schwarze, kräftige und straffe Haar, den spärlichen Bartwuchs, die geringe Körperbehaarung, das große und breite Gesicht mit den herausragenden Backenknochen, den gedrungenen, breitschultrigen, kurzbeinigen Körper und die schaufelförmigen Schneidezähne hatten sowohl die amerikanischen Eingeborenen als auch die Völker Ostasiens. Die wenigen Unterschiede, wie die Zugehörigkeit zu einer anderen Blutgruppe und die für die Indianer typische „Adlernase", die bei den Ostasiaten unbekannt war, erklären sich durch eine nach und nach erfolgte genetische Abweichung.

Mit Kolumbus schwand der Seelenfrieden der Indianer

Die erste Kontaktaufnahme zwischen Spaniern und Indianern – ob letztere nun aus Indien stammen oder nicht – verlief friedlich, wie Kolumbus in seinem Logbuch zu berichten weiß:

„Freitag, den 12. Oktober.

Die Eingeborenen müssen gute und intelligente Sklaven abgeben, denn ich bemerkte, dass sie alles sehr schnell begreifen, was ich ihnen sage, und ich bin überzeugt, dass man sie leicht zu Christen machen kann, da sie keinerlei Sekten anzugehören scheinen."

„Samstag, den 13. Oktober.

Die Eingeborenen sind von großer Sanftmut; aber von dem Verlangen getrieben, die Dinge, die wir haben, zu besitzen, entwenden sie, wohl wissend, dass man ihnen nichts gebe, wenn sie nichts dagegen austauschen, alles, was sie erlangen können, und schwimmen damit davon. Was sie indes haben, geben sie für irgendeine Kleinigkeit, welche man ihnen bietet, ja selbst für zerbrochene Gegenstände und Glasscherben.“

Bereits während der zweiten Reise des Kolumbus in die Neue Welt, die vom 25. September 1493 bis zum 11. Juni 1496 dauerte, kam es zwischen den weißen Eindringlingen aus Spanien und den Ureinwohnern der Insel Hispaniola (Haiti) zu Gewalttätigkeiten. Spanische Truppen schüchterten die Eingeborenen ein und zwangen sie, einen Tribut in Gold zu zahlen. Wer nicht getötet werden wollte, musste – vom vierzehnten Lebensjahr ab aufwärts – alle drei Monate das Maß eines flandrischen Falkenglöckchens voll Goldstaub abliefern. Jeder, der den bewaffneten Posten seinen Soll überbrachte, erhielt eine geprägte Messing- oder Kupferscheibe, die er sich um den Hals hängen musste, um sich so vor weiteren Schröpfungen zu schützen.

Gegen die Ausplünderung und Versklavung der Ureinwohner

Der Priester Bartolomé de Las Casas, der sich energisch gegen die Ausbeutung und Ausrottung der Eingeborenen wandte, fand dieses Eintreibungssystem, das Hass, Folter und Mord zeitigte, vernunftwidrig, drückend, unerträglich und abscheulich:

„Einige erfüllten zwar den Tribut, für andere aber war es unmöglich, und da das Leben vieler äußerst elend wurde, flüchteten sie in die Berge. Andre dagegen nahmen für die von den Christen begangenen unaufhörlichen Gewalttätigkeiten, Herausforderungen und Übergriffe dadurch Rache, dass sie diejenigen Christen ermordeten, die sie besonders gequält und geschädigt hatten. Nun nahmen die Christen ihrerseits wieder unverzüglich Rache, die sie Bestrafung nannten, und nicht nur die Mörder, sondern auch so viele Einwohner, wie man deren in dem betreffenden Dorf oder seiner Umgehung habhaft werden konnte, wurden gefoltert und hingerichtet, ohne dass weder die menschliche noch die göttliche Gerechtigkeit oder das Naturgesetz geachtet wurden, in deren Namen man zu handeln vorgab.“

Als Folge dieser unmenschlichen Vorgehensweise, die Kolumbus allein anzulasten ist, setzte die Entvölkerung der Insel ein, auf der es sich bis zur Ankunft der Spanier wie im Paradies hatte leben lassen.

In den Ureinwohnern, die sie zu Frondiensten nötigten und regelrecht versklavten, sahen die Spanier wilde Barbaren, verächtliche Heiden – ohne „menschliche" Kultur und Religion. Kronzeuge für das verwerfliche Verhalten der spanischen Eroberer auf den Amerika vorgelagerten Inseln der Karibik bleibt der bereits erwähnte Las Casas, der die Gräuel auf Kuba mit scharfer Feder geißelte:

„Während meines Aufenthaltes starben binnen drei oder vier Monaten siebentausend Kinder vor Hunger, weil ihre Väter und Mütter in die Bergwerke geschickt wurden. Auch sah ich noch andere schreckliche Dinge.

Man beschloss nachher, Jagd auf die Indianer zu machen, die sich im Gebirge befanden, und ging entsetzlich mit ihnen um. Kurz, die Spanier entvölkerten und verheerten diese ganze Insel, so dass wir noch vor weniger Zeit mit viel Betrübnis und Leidwesen wahrnahmen, dass sie durchgehends zur Wüste und Einöde gemacht worden sei."

Ob zur Epoche des Kolumbus, der insgesamt vier Reisen in die Neue Welt unternahm, oder in späteren Jahrhunderten, ob auf den Karibischen Inseln oder auf dem amerikanischen Festland, mit der Ankunft der Europäer brach eine Schreckenszeit über die Indianer herein, die nach und nach das Opfer eines riesigen Völkermordes wurden, der vom hohen Norden Kanadas bis zur Südspitze Lateinamerikas reichte.

Mit Feuer und Schwert brachten Kolumbus und seinesgleichen den Indios den Glauben, die Pocken und den Alkohol und nahmen ihnen dafür Länder und Schätze. Von Bluthunden zerfleischt oder von spanischen Siedlern niedergemacht, durch Krankheiten oder Zwangsarbeit geschwächt, kamen schon unter Kolumbus und seinen Zeitgenossen Hunderttausende Ureinwohner um.

Der zivilisatorische Ausgriff des Abendlandes auf die Neue Welt

Die neuzeitlichen Eroberer Amerikas, die mit und nach Kolumbus aus Europa kamen, verfuhren unmenschlich mit den Eingeborenen, die sie nicht einmal als Menschen ansahen, weil die Bibel sie nicht erwähnte. So konnten die Indianer bedenkenlos versklavt werden. Bis man aber in ihnen den Menschen erkannte, sollte noch ein halbes Jahrtausend vergehen.

Erst 1924 ließ sich der US-Kongress in Washington dazu herab, die Indianer zu Bürgern der Vereinigten Staaten „mit allen Rechten und Pflichten" zu erklären. Zu dieser Zeit war jedoch ihre Ausrottung schon bedenklich weit fortgeschritten.

Dass man dafür Kolumbus persönlich nicht allein verantwortlich machen kann, liegt auf der Hand. Doch seine Entdeckung der Neuen Welt am 12. Oktober 1492 – in Wirklichkeit erreichte er damals nicht die amerikanische Küste, sondern lediglich eine Insel im Atlantik in mehr als 500 Kilometer Entfernung vom Festland – ermöglichte erst die systematische Erforschung und die damit verbundene Plünderung eines ganzen Kontinents. Mit Kolumbus begann der lange Leidensweg der amerikanischen Ureinwohner, auf die leider Georg Christoph Lichtenbergs ironische Bemerkung zutrifft: „Der Amerikaner, der den Kolumbus zuerst entdeckte, machte eine böse Entdeckung.“

III.

Epilog –
Das Erbe der Indianer

FAST VIERHUNDERT JAHRE KRIEG: WARUM DIE INDIANER DEN WEISSEN IMMER UNTERLAGEN

Die Indianer kämpften gegen die Weißen, als hätten sie Indianer vor sich

Dem heutigen Beobachter, der sich rückblickend mit der breiten Blutspur auseinandersetzt, die sich von Tenochtitlán (1519) bis Wounded Knee (1890) über einen ganzen Doppelkontinent zieht, brennt die Frage auf den Lippen, wie es denn eigentlich möglich war, dass eine Handvoll Weißer, die ein paar Nussschalen entstieg, sich schon wenig später als die Herren der Neuen Welt gebärden konnte. Die Tragödie nahm ihren Lauf mit Kolumbus und dessen drei Schiffsladungen voll spanischer Seeleute, die in Rekordzeit die friedliche Insel Hispaniola (Haiti) in ein alptraumhaftes Zwangsarbeitslager und in einen riesigen Friedhof verwandelten. Es ging weiter mit den Pilgervätern, die 1620 mit ihrem Segelschiff „Mayflower" in Massachusetts landeten und die dort lebenden Ureinwohner nach Strich und Faden betrogen. Die Holländer, die sechs Jahre später den Indianern die Halbinsel Manhattan für Tand im Wert von sechzig Gulden abluchsten, waren auch nicht um eine radikale Lösung des Indianerproblems verlegen: 1639 ließ der damalige Gouverneur von Niew Nederland, Wilhelm Kieft, kurzerhand alle Indianerdörfer in Reichweite niederbrennen und deren Bewohner, Männer, Frauen und Kinder, ermorden. Die Ausrottung der roten Urbevölkerung war angesagt und wurde konsequent vorangetrieben.

Die Vier Schritte zur Unterwerfung der Indianer

Die Taktik der Weißen gegenüber den Indianern blieb immer dieselbe und fußte auf vier Schritten:

- Zunächst gab man vor, sich mit den Indianern durch Friedensverträge und Handelsabkommen gütlich einigen zu wollen.
- Da aber die nachströmenden Siedler sich nicht an die anfangs geschlossenen Verträge gebunden fühlten, kam es immer wieder zu Reibereien und Zusammenstößen.
- Dann wurde die Hilfe der Armee zum Schutz der Weißen in Anspruch genommen. Für größere Sicherheit wurden Forts quer durch das Indianerland gebaut. Das alles hatte zur Folge, dass der Siedlerstrom weiter anschwoll.
- Die Rothäute wurden um ihr angestammtes Land gebracht, ihre Dörfer verbrannt und ihre Nahrungsquellen zerstört. Sie mussten entweder den ihnen von den Weißen aufgezwungenen Friedensbedingungen zustimmen oder ihre Heimat – meist in Richtung Westen – verlassen.

Die Strategie der Weißen, die darin bestand, erst Verträge zu schließen und dann die Unterwerfung zu verlangen, war fast immer von Erfolg gekrönt. Damit sind wir erneut bei der Frage: Warum besaßen die Weißen immer wieder die besseren Karten?

Die Indianer kämpften wie Individualisten

Dass die Indianer ihre Kämpfe ritterlich, d. h. anständig und fair austrugen, war an ihrem Untergang mit schuld. In der Tat erwiesen sich ihre Kampftaktiken als hoffnungslos überholt. Dass sie gegen die Bleichgesichter kämpften, als hätten sie Rothäute vor sich, wurde ihnen zum Verhängnis. Sie kannten weder Disziplin noch Rangstrukturen, wie sie bei den Weißen üblich waren. Ein indianischer Krieger konnte nur Ruhm durch Tapferkeit erwerben; er konnte sich nicht dadurch auszeichnen, dass er den Befehlen seiner Vorgesetzten gehorchte oder sich eine gemeinsame Stammesstrategie zu Eigen machte. Nein, er war ein kämpferischer Einzelgänger, der den Krieg als Möglichkeit begriff, sich als Mann durch Mutbeweise Respekt zu verschaffen, indem er beispielsweise in vollem Galopp hautnah bis an den Feind heranpreschte, ihn berührte oder sogar verwundete, ihn jedoch nur in den seltensten Fällen tötete. Wehrte sich der Gegner mit Speeren, die er schleuderte, oder mit Pfeilen, die er abschoss, hatte der indianische Individualist eine reelle Überlebenschance; verteidigte sich der Widersacher mit einem modernen Winchester-Repetiergewehr, dann hatte der indianische Angreifer sein Leben verwirkt.

Der totale Krieg war ihnen fremd

Auch kannten und verstanden die Indianer den Begriff des totalen Kriegs nicht. Hatten sie einen Sieg errungen, setzten sie dem Gegner nicht systematisch nach, um ihn auf der Flucht zu vernichten, nein, sie hatten eher eine pädagogische Sichtweise, laut der der besiegte Feind die ihm erteilte Lektion auch so – ohne Vernichtungsfeldzug – verstehen würde. Die Weißen reagierten aber nicht so, wie die Indianer sich das vorstellten.

Als der Powhatan-Häuptling Opechancanough am 22. März 1622 die britische Kolonie Jamestown stürmen ließ, was 327 Männern, Frauen und Kindern das Leben kostete, glaubte er, er habe mit dem Massaker eines Drittels der Einwohner ein klares Signal gesetzt und den Engländern unmissverständlich zu verstehen gegeben, sich in Zukunft von ihm fern zu halten. Anstatt in Panik zu geraten, wie die Indianer angenommen hatten, reagierten die britischen Kolonisten mit einer Strategie der „verbrannten Erde". Sie erschossen konsequent jede Rothaut, die sie vor die Flinte bekamen, fielen in Nacht-und-Nebel-Aktionen über alle Indianerdörfer her, die sie ausfindig machen konnten, und zerstörten die indianischen Maisfelder. Der Häuptling, der eben noch als Sieger aus dem Kampf um Jamestown hervorgegangen war, musste sich geschlagen geben und sein Land an die Weißen abtreten.

Als eine Spezialeinheit der Armee am Sand Creek (Colorado) am 28. November 1864 dreihundert Cheyennes – Männer, Frauen und Kinder – im Schlaf überraschte und brutal abschlachtete, reagierten ihre Stammesbrüder mit einem Überfall auf einen Soldatentrupp am Platte-River. Dabei glaubten sie tatsächlich, sie hätten den Blauröcken mit ihrem Angriff eine Lehre erteilt, was sich im Nachhinein als fataler Irrtum erwies.

Sie vermochten nicht zu denken wie ein Weißer

Nur derjenige, der wie ein Europäer oder Amerikaner zu denken vermag, kann wie ein Weißer kämpfen und diesen mit den eigenen Waffen schlagen. Den meisten Häuptlingen gelang es nicht, sich in die Denkweise des weißen Mannes hineinzuversetzen. Nach ihrem spektakulären Sieg am Little Big Horn (Montana) über das 7. Kavallerie-Regiment George A. Custers dachten die vereinigten Sioux-, Cheyenne- und Arapaho-Krieger nicht daran, die zwanzigtausend Schuss Munition der getöteten Feinde unter sich für zukünftige Kämpfe aufzuteilen. Statt dessen feuerten sie bei der Siegesfeier ihre Gewehre pausenlos ab, womit sie lediglich ihre eigene kostbare Munition verschwendeten.

Nur wenige aufgeklärte Häuptlinge vermochten es, die Gedanken des weißen Mannes zu erraten und dessen Reaktion im Voraus zu erahnen. Solchen aufgeschlossenen Indianern war es schon zu Beginn der Kolonialzeit klar, dass sie nur mit einem einzigen Mittel dem Vormarsch der weißen Eindringlinge Einhalt gebieten könnten: nämlich durch Zusammenschlüsse so vieler Stämme wie möglich, deren „gebündelte Kraft" wirksam gegen die Bedrohung durch die Weißen eingesetzt werden müsste. Opechancanough, Metacomet, Pontiac und Tecumseh erwiesen sich als große Strategen, die eine eindrucksvolle Zahl an Verbündeten um sich scharten, aber letztlich daran scheiterten, dass die meisten Indianerstämme es nicht gewöhnt waren, in eine viele Nationen umfassende Koalition eingebunden zu werden.

Sie waren unter sich uneins und zerstritten

„Divide et impera", „teile und herrsche", hieß bereits das uralte Erfolgsrezept bei den alten Römern, das die weißen Kolonisten in Amerika mit Erfolg anwandten. Dabei kam ihnen zugute, dass der Indianer seit Menschengedenken natürlicher Feind des Indianers war, wodurch die Weißen leichtes Spiel hatten, die einzelnen Völker gegeneinander auszuspielen.

Das Teilen und Herrschen funktionierte noch hervorragend im vierten Jahrhundert der weißen Herrschaft, als im Sommer 1851 in Fort Laramie (Wyoming) das größte Indianertreffen aller Zeiten stattfand. Mehr als zehntausend Rothäute strömten aus allen Himmelsrichtungen herbei: die mächtigen Sioux, alle mit Federschmuck und bunter Bemalung; die selbstsicheren Cheyennes, die von allen Stämmen den höchsten Wuchs und die vornehmste Art hatten; die großen, in sich gekehrten, vorsichtigen

Arapahos, von untadeliger und vertrauenswürdiger Wesensart; die hellhäutigen und intelligenten Crows, die einem launischen Volk entstammten, zwischen tiefem Ernst und überschäumender Fröhlichkeit schwankend; die dunkelhäutigen Shoshonen, von denen jeder eine geladene Flinte quer über dem Sattel liegen hatte und über und über mit Federn, Perlen, Wolfsschwänzen, Zähnen und Klauen von Tieren bedeckt war; die schlanken Assiniboins, die wie Kentauren ritten, als ob Mann und Pferd ein Leib wären, sich anmutig nach einem Willen bewegend; die Mandans, die Hidatsas und die Arikaras, die die größte Wegstrecke zurücklegten und in mancher Hinsicht im Umgang mit Weißen erfahrener waren ... Sie waren alle nach Fort Laramie gekommen, um einen Friedensvertrag mit den Weißen auszuhandeln. Sie boten in der Tat einen majestätischen Anblick. Auch ihr Zeltlager, das bis zum Horizont reichte, war sehr eindrucksvoll. Die dort versammelten Indianer wussten nicht, dass zu jener Zeit die gesamte US-Armee, die nur zehntausend Mann zählte, der Zahl ihrer Krieger unterlegen war.

Doch die amerikanischen Militärs hatten längst begriffen, dass die bei Fort Laramie zusammengeströmten Indianer keine ernsthafte Bedrohung für sie bedeuteten. Denn den scharfen Augen der US-Offiziere waren längst die Zwistigkeiten zwischen Sioux, Cheyennes, Arapahos einerseits und Crows und Shoshonen andererseits aufgefallen. Sie waren sich schon damals im Klaren darüber, dass es nicht schwer wäre, einen Keil zwischen die einzelnen Indianerstämme zu treiben und deren traditionelle Erbfeindschaft für ihre Zwecke auszunutzen. Während der Prärie-Kriege von 1860 bis 1876 dienten viele Crows, Shoshonen und Pawnees der US-Kavallerie als loyale Scouts, Späher, Spurenleser und Pfadfinder im Kampf gegen Comanchen, Kiowas, Cheyennes, Arapahos und Sioux. So wirkten weißenfreundliche Indianer mit an der endgültigen Zerstörung der freien Bisonjägerkultur, die sich auf den weiten Plains Nordamerikas entfaltet hatte.

Gegen Bakterien und Viren waren sie machtlos

Die Weißen schreckten auch nicht davor zurück, gegen die Indianer Bakterien und Viren einzusetzen. Von den europäischen Einwanderern eingeschleppte Krankheiten, wie spanische Grippe, Pocken, Masern, Tuberkulose oder Cholera, setzten den Rothäuten arg zu und löschten mancherorts ganze Stämme aus. Wenn die Indianer nicht durch Zufall an diesen Seuchen erkrankten, die das präkolumbische Amerika nicht gekannt hatte, halfen die Weißen nach, indem sie beispielsweise den Ureinwohnern

Decken zukommen ließen, in denen kurz zuvor noch Pockenkranke gelegen hatten.

Als die Delawaren 1760 während des französisch-englischen Indianerkriegs ein britisches Fort belagerten, stellte ein listiger Hauptmann namens Simeon Ecuyer den Indianern von Pockenerregern infizierte Wolldecken als verhängnisvolles „Danaergeschenk" zu, wodurch der Stamm der Delawaren dezimiert wurde.

Die Mandan-Indianer traf ein noch viel schlimmeres Schicksal. Als sich bei ihnen 1837 eine Pockenepidemie ausbreitete, überlebten nur 131 Stammesmitglieder von einer Bevölkerung von insgesamt 1600 Menschen.

Als schriftlose Kultur waren sie den weißen Lese- und Schreibkundigen unterlegen

Die Frage, warum so wenige Weiße so viele Indianer in Rekordzeit überrumpeln konnten, bringt der französisch-bulgarische Kulturhistoriker Tzvetan Todorov auf einen einzigen Punkt: Alphabetismus gegen Analphabetismus.

Laut Todorov sind Zivilisationen mit einer Schrift schriftlosen Kulturen überlegen. Das erklärt er wie folgt: Mit dem Erlernen von Lesen und Schreiben stellt sich auch eine neue Art von Denken ein, nämlich abstrakte Logik, die die Lese- und Schreibkundigen dazu befähigt, im Gehirn Wörter und Wortbedeutungen zu kombinieren. Diese Art der Gehirntätigkeit macht sie zu richtigen denkfähigen Individuen, wohingegen Menschen, die nicht lesen und schreiben gelernt haben, sich nur als Teil einer Gemeinschaft, eines Kollektivs fühlen.

Ihr Wissen wird nicht in Buchform in Bibliotheken gespeichert, sondern mündlich von Generation zu Generation in Form von Mythen oder Ritualen überliefert. Stoßen „Leser" auf „Nichtleser", gewinnen sie die Oberhand. Denn sie sind ohne Weiteres in der Lage, sich geistig vorzustellen, was in den Köpfen ihrer Gegner vorgeht. Der umgekehrte Weg ist nicht gangbar. Das hatte zur Folge, dass die Indianer die Weißen nicht verstanden.

Den Indianern fehlten einfach die Informationen

Während der paar hundert Jahre, in denen sich zuerst die Europäer und dann die Amerikaner den „Wilden Westen" immer weiter erschlossen und die Rothäute immer tiefer in den Kontinent zurückdrängten, waren die Ureinwohner des Landes außerstande, die Bedrohung ihrer Kultur durch die Weißen richtig einzuschätzen. Das war auch zu einem großen Teil dadurch bedingt, dass sie nicht über die nötigen Hintergrundinformationen zur damaligen Geschichte und Geographie verfügten.

So hatten die Prärie-Indianer um die Mitte des 19. Jahrhunderts keine Ahnung bezüglich der Historie ihres eigenen Erdteils. Sie wussten nichts mit dem Namen Kolumbus anzufangen. Sie konnten sich auch nicht die geographische Beschaffenheit ihres Kontinents vorstellen und besaßen zudem keine Kenntnisse über das Schicksal der vielen Stämme, die weiter östlich gelebt hatten und schon lange vor ihnen mit dem weißen Mann zusammengestoßen waren. Dieses Unwissen wurde ihnen bei der Beurteilung der weißen Gefahr zum Verhängnis.

Auf dem Spiel stand der Verlust ihrer Heimat

Dass die Indianer trotzdem immer wieder weiterkämpften, obwohl sie nie eine echte Chance hatten, erklärt sich durch das, was auf dem Spiel stand: der Verlust ihrer angestammten Heimat. Für sie waren Ländereien Gemeinschaftsbesitz, den man nicht veräußern konnte. So war allen Nomaden der Grassteppen der Sioux-Grundsatz heilig: „Kein Einzelner besitzt die Erde, über die der Bison zieht." Persönlicher Landbesitz war den Prärie-Indianern völlig unbekannt und auch unverständlich, was der Sioux-Sachem Red Cloud in folgende Worte kleidete: „Wie kann ich die Luft, in der ich stehe, den Boden, über den ich reite, die Blätter eines Baumes, die im Winde rascheln, wie kann ich einen Teil des Windes, einen Teil der Wolken, einen Teil der Erde als etwas erklären, das nur mir allein gehört?"

Weil die Sioux – sie stehen hier stellvertretend für alle Indianer – keinen Sinn für persönliches Eigentum hatten, außer Pferd, Waffen und Zelt, verstanden sie die Habgier der Weißen nicht, die sich ihr Land aneignen wollten. Für die westwärts strebenden, bleichgesichtigen Siedler hingegen, die sich an den Grenzen des Sioux-Gebietes aufstauten, war der eigene Grund und Boden das „Maß aller Dinge".

„... solange Gras wächst und Wasser fließt"

Anstatt sich mit den Sioux in blutige Kämpfe verwickeln zu lassen, zog die Regierung der Vereinigten Staaten es zunächst vor, durch Friedensverhandlungen mit den Indianern Vereinbarungen über Gebietsansprüche und -abtretungen zu erzielen. Doppelzüngige Regierungsbeamte setzten sich mit den Rothäuten ans Ratsfeuer und rauchten tagelang mit ihnen die Friedenspfeife. Hatten die weißen Unterhändler in langwierigen Verhandlungen die Sorgen ihrer indianischen Gesprächspartner beschwichtigt und deren Misstrauen zerstreut, schlossen sie mit ihnen „ewige Verträge", die sie selbst brachen, noch ehe die Tinte trocken war.

So wurde mit den analphabetischen Indianern der meisten Nationen ein Vertrag nach dem anderen abgeschlossen, oft mit einer zeitlich unbegrenzten Klausel wie z.B. „für ewige Zeiten, solange Gras wächst und Wasser fließt". Jedes Mal mussten die Indianer das Papier „mit Tinte" (d. h. mit einem Federhalter) berühren und auf diese Weise legalisieren. Erst als sich die Lage zuspitzte, dämmerte es sogar den begriffsstutzigsten Rothäuten, dass der Weiße sie unter dem Deckmantel fremdländischer Bräuche um ihren angestammten Besitz gebracht hatte.

DIE ERRUNGENSCHAFTEN
DER INDIANER

Sind die Rothäute die „besseren" Menschen?

Die Indianer waren in den Augen vieler Weißer auf Mord und Totschlag versessene Wilde, die nach Herzenslust brandschatzten, skalpierten und sogar nicht davor zurückschreckten, Kinder und Frauen zu erschlagen. Sie huldigten der Vielweiberei und führten ein Faulenzerdasein. Statt einer anständigen Beschäftigung nachzugehen, zogen sie in den Krieg oder auf die Jagd, hockten nichtstuerisch zusammen und schmauchten das Teufelskraut Tabak. Ihre Frauen hingegen mussten sich den ganzen Tag abrackern, die schwersten Lasten tragen, sich um jede Haushaltsarbeit kümmern und die Felder bestellen. Die Männer lebten in den Tag hinein, ohne für magere Zeiten Vorsorge zu treffen. Zum Takt der wild wirbelnden Trommeln, zu den klagenden Melodien der Rohrflöte, zum rhythmischen Schwirren der Schildkrötenrasseln gaben sie sich barbarischen Zeremonien hin und unterzogen sich sogar beim alljährlichen Sonnentanz grauenvollen Selbstmarterungen, um sich ihre heidnischen Götter günstig zu stimmen.

Von stereotypen Vorstellungen und langlebigen Vorurteilen

Noch heute machen sich viele Zeitgenossen falsche Vorstellungen von Amerikas Ureinwohnern, in denen sie unzivilisierte Schädlinge sehen. Kriegerisch und blutrünstig, manchmal feige und manchmal edel, so kennen wir die Indianer als Feinde und zuweilen auch als Freunde der Bleichgesichter aus Wildwestfilmen. Gleichgültig zu welchem Stamm sie gehören, sie ähneln sich im Aussehen und im Handeln, herumstreifende Rohlinge, immer zur Auseinandersetzung bereit. Diese Klischees sind nicht vertretbar, verfolgt man die Geschichte der einzelnen Indianernationen. Die Rothäute waren nicht nur Krieger und Jäger, sondern auch Sammler, Bauern und Seefahrer. Das Land und seine Ausbeute prägten die Sitten, die Lebensgewohnheiten und die Religion, wie auch die Form des Zusammenlebens und die Stellung der Einzelnen im Stammesgefüge. In Wirklichkeit unterschied sich das Privatleben der Indianer vor einigen Jahrhunderten nicht sehr viel von dem anderer halbnomadischer oder sesshafter Völker. Die Sorge um die tägliche Nahrung, um die Verpflegung während des kalten Winters und um eine fruchtbare Ernte bestimmten das Denken und Handeln der amerikanischen Eingeborenen, die auch schon eine primitive Form von Geld kannten, Wampum genannt, das aus kunstvollen Perlen- oder Muschelketten bestand.

Die Weißen, das Brett der Selbstgerechtigkeit vor Augen, tun sich noch jetzt schwer daran, das gesamte Wesen der indianischen Kultur zu ergründen. Wer förderte durch Kopfhautprämien geflissentlich die Unsitte des Skalpierens? Wer fiel bei Nacht und Nebel über ahnungslose Indianerdörfer her und brachte mit lautem Hurrageschrei Frauen und Kinder um? Wer hielt den Rothäuten die Vielweiberei vor und duldete bei sich die Prostitution? Wer wollte mit Feuer und Schwert Amerikas Ureinwohner zum Christentum bekehren und betrieb eine unchristliche Ausrottungspolitik? Wer machte sich über das Land der mit Gewalt enteigneten Indianer her und pferchte die Überlebenden in traurige Reservate? Wer steckte die von den Familien getrennten Kinder in grässliche Erziehungsanstalten und entfremdete sie durch eine übertriebene „Amerikanisierung" ihrer indianischen Umwelt? Nicht genug, dass die Indianer als Opfer eines schändlichen Völkermordes beinahe untergingen – auch ihre Kultur, ihre Sitten und Gebräuche, ihre Sprache und Religion sollten mit ihnen ausgelöscht werden. Während 50 000 Jahren hatten sie sich über einen ganzen Kontinent verbreitet, nur um in weniger als vier Jahrhunderten vom weißen Vormarsch überwältigt zu werden. Haben sie schließlich umsonst gelebt?

Das Erbe der Indianer

Obwohl die Indianer das Rad nicht kannten, über kein richtiges Zugtier verfügten und keine Werkzeuge aus Eisen besaßen, als die Weißen mit ihnen in Berührung kamen, hat ihre Kultur trotzdem Spuren hinterlassen. In der Tat ist ihr Beitrag zum amerikanischen Lebensstil beachtlich. Den

Rothäuten verdanken wir viele Nahrungsmittel, die in Europa unbekannt waren, wie Mais, Kartoffeln, Riesenkürbisse, Artischocken, Bohnen, Avocados, Eichelgerichte, Nussöl, Schokolade, Truthahnfleisch …

Durch Einkerben zapften die Waldland-Indianer den Ahornbaum an, fingen den süßen Saft in Kesseln auf und kochten ihn so lange ein, bis der dicke Sirup zu festem, braunen Kornzucker wurde, den sie in kleinen kuchenförmigen Stücken lagerten. Während der langen Wintermonate kauten die Präriebewohner in lange, schmale Streifen geschnittenes, an der Luft getrocknetes, mit Steinhämmern zermahlenes, mit Knochenmark, Talg und Beeren vermengtes Bisonfleisch.

Diese „Pemmikan" genannte Fleischpastete, die sich als sehr nahrhaft erwies, war wegweisend für die moderne Konservenindustrie. Sie ist das Musterbeispiel einer haltbar gemachten Essware, die richtig aufbewahrt monatelang nicht an Genießbarkeit einbüßt.

Auch entwickelten die amerikanischen Eingeborenen Verkehrs- und Beförderungsmittel, die der rauen Wildnis angepasst waren: das leichte Rindenkanu aus mehreren aneinander genähten Birken- oder Fichtenrindenstücken, die man auf hölzerne Rahmen spannte und deren Nähte man mit Kiefernpech abdichtete; der Toboggan oder Transportschlitten, der aus einem vorn hochgehobenen und zusammengebundenen Bretterpaar bestand; der Rahmenschneeschuh mit Schnürsenkeln, ein tellerförmiger Untersatz, mit dem man schlurfenden Ganges durch den tiefen Schnee stapfen konnte.

Die Siedler zogen auf den Pfaden der Indianer gegen Westen; heute brausen dort Luxuslimousinen über Autobahnen.

Chinin, Curare, Ephedrin, Hamamelis Virginiana, Ipecac, Novokain heißen nur einige der Drogen und Arzneimittel, die die Weißen von den Indianern übernahmen. Schon sehr früh hatten die Rothäute erkannt, dass die stachellose Kaktuspflanze Peyote ein Rauschgift – Meskalin – enthält. Dessen Einnahme bewirkt visuelle Halluzinationen, zumeist einen Farbentaumel, den der Chemiker Arthur Helffter als erster Europäer schilderte: Er sah „… farbenprächtige Bilder, die teils Teppichmuster und Mosaiken darstellten, teils aus verschlungenen, sich blitzschnell bewegenden farbigen Bändern bestanden … An diese Erscheinungen schloss sich eine Reihe schöner Landschaften, die sich vor allem durch wunderbare Farbeffekte auszeichneten …" Kein Wunder, dass Amerikas Ureinwohner die Peyote-Pflanze „Schenker von Visionen" und auch „Kaktus, der Gespenster zeigt" nannten. Den „black drink" (schwarzer Trank) aus den Blättern einer Stechpalme verwendeten die Indianer des Südostens zur alljährlichen inneren Reinigung des Körpers. Insgesamt 170 indianische Heilmittel wurden in Erkenntnis nachweislicher Wirkungen in die Zahl der heute weltweit gebräuchlichen Medikamente aufgenommen.

Schon Jahrhunderte vor Sigmund Freud waren psychosomatische Krankheitsursachen den Irokesen und anderen nordamerikanischen Stämmen bekannt. Diese wussten um das Zusammenspiel von seelischen Faktoren und körperlichen Reaktionen, die bei verschiedenen Krankheiten besonders deutlich zutage treten. Sie hatten erkannt, dass die unbewussten, unerfüllten Wünsche des Menschen, die sich eigentlich nur in Träumen offenbaren, als Krankheitserreger in Frage kommen konnten. Aufgrund dieses Wissens entwickelten sie eine Form der Traumdeutung, die mit der modernen Psychoanalyse, dem heutigen Verfahren zur Untersuchung und Behandlung seelischer Störungen, vergleichbar ist.

Nicht nur die Namen der Hälfte aller Bundesstaaten sowie unzähliger Städte, Berge, Flüsse und Seen erinnern die weißen US-Bürger unentwegt an die amerikanischen Ureinwohner, sondern auch viele Gebrauchsgegenstände aus dem täglichen Leben. Die Amerikaner schmauchen die indianische Friedenspfeife – von den Indianern „Calumet" genannt –, schlürfen „hootch", einen von den Alaskarothäuten gebrauten Trank, tragen Mokassins, Indianerschuhe aus Büffelleder mit weichen Sohlen und ohne Absatz, gebrauchen bei Spiel und Sport den von den Eingeborenen eingeführten hohlen Gummiball, räkeln sich genüsslich in indianischen Hängematten, erfreuen sich am „Indian summer", am noch ganz hochsommerlichen Wetter des farbenprächtigen Herbstes, fahren in Booten, die an das Birkenrindenkanu der Indianer erinnern, veranstalten „clambakes" (Picknicks), berufen Powwows (Versammlungen) ein und genießen die Nahrungsmittel der Neuen Welt. Aller Wahrscheinlichkeit nach basiert die Verfassung der Vereinigten Staaten auf den demokratischen Traditionen verschiedener Indianergemeinschaften, die den politischen Aufbau der größten Industrienation des Planeten zutiefst beeinflusst haben. Demnach ist das US-Alltagsleben überall von indianischem Gedankengut durchsetzt.

Von Öko-Heiligen und Hütern der Weisheit

Wir Europäer, und insbesondere die Deutschen, haben im Indianer immer eher den „edlen Wilden" als den fiesen Primitivling gesehen, den wir um die Weite der Prärie, das Vertrauen auf Manitu und seinen endlosen Himmel beneidet haben.

Nirgendwo weist unsere Phantasie ergiebigere Jagdgründe auf als bei den Rothäuten, die unsere Kinderspiele beseelen, uns die Pubertätsparolen liefern und uns ökologiebewusst am Sinn des Fortschritts zweifeln lassen.

Inzwischen sind die alten Klischees durch neue ersetzt worden. Die Wilden Nordamerikas wurden zu rotgrünen Öko-Heiligen und Hütern der Weisheit verklärt, die die heimatliche Erde achteten, alle anderen Lebewesen respektierten und die Jagd auf weidgerechte Art ausübten. In Vergessenheit geraten sind die Zeiten, zu denen Indianer Hunderte von Büffeln in eine wilde Stampede versetzten, über hohe Klippen trieben und doch nur einen geringen Teil der Beute benötigten. In der Tat gefallen sich die Ureinwohner Nordamerikas in der Rolle der ersten Ökologen. In ihrer Weltanschauung erweist sich die Erde als die „Mutter" alles Lebendigen, mit der sie in Einklang zu leben versuchen. Ihre Philosophie lehrt sie, die Harmonie mit der Natur anzustreben, nicht aber ihre Umwelt gewaltsam zu bezwingen. So nehmen sie niemals etwas von der Erde, ohne zuerst ein Gebet dafür gesprochen zu haben. Ihre Religion schreibt vor, niemals zu töten, was nicht zur Nahrung gebraucht wird. Aus ihrer Sicht darf kein einziges Leben sinnlos vergeudet werden. Sie sind tatsächlich von der Auffassung durchdrungen, dass allen Wesen – ob Sterne, Pflanzen, Tiere oder Geister – dasselbe Recht auf Dasein und Leben zusteht wie dem Menschen. Diese Geisteshaltung ermöglichte es den Indianern, auf dem amerikanischen Doppelkontinent gut 50 000 Jahre zu überleben.

Dass die Rothäute, die die Natur derart achteten, dass sie sogar mit ihr verschmolzen, auch Raubbau an ihrer Umwelt trieben und grünes Land zur Ödnis machten, ist eine neue Erkenntnis der Archäologie. Die Vorstellung vom bedürfnislosen Primitiven und seinem unversehrten Paradies geht zurück auf den französischen Philosophen Jean-Jacques Rousseau, den vor gut 200 Jahren in den Wäldern von Saint-Germain die Erleuchtung durchpulste, nur im Urzustand sei der Mensch „frei, gesund, gut und glücklich" gewesen, damals, als er der ihn umgebenden Natur nur das entzog, was er unbedingt zum Überleben benötigte. Rousseaus romantisches Idealbild vom „edlen Wilden", über das sich sein großstädtischer Denkerkollege Voltaire spöttisch äußerte, wird nun von amerikanischen Archäologen endgültig ins Reich der Schimäre verwiesen.

Die Indianer waren in Wirklichkeit nicht immer die viel gepriesenen ersten Umweltschützer der Geschichte. Obwohl sie selbst behaupten, sie hätten aus der Natur nur das absolut Lebensnotwendige herausgeholt, ohne ihr Gleichgewicht zu stören, ist das nicht der Fall. Auch sie haben ihre Umwelt verändert, und das keineswegs zum Guten. Manche der erodierten und verwüsteten Landschaften, die die ersten Weißen das Grauen lehrten, sind durch Indianer entstanden.

Laut Jared M. Diamond von der University of California in Los Angeles sind die alten Völker noch lange nicht immer pfleglich mit ihrer Umwelt umgegangen. So zeigen jüngste Ausgrabungen in New Mexico, wie die Altvorderen die Natur missbrauchten, indem sie Grund und Boden zum Schaden nachfolgender Generationen durch übermäßige Ausbeutung herunterwirtschafteten.

Auch wenn die Indianer in ihrer 50 000jährigen Historie zu verschiedenen Zeiten mit der Natur zerstörerisch umgingen und verheerenden Raubbau an ihrer Umwelt trieben, ist es dennoch nicht falsch, sie als die ersten Umweltschützer der Geschichte zu feiern.

Im Einklang mit der Natur

Im Mittelpunkt jeder Indianerkultur steht nämlich die unumstößliche Verehrung der natürlichen Umwelt, wobei die Landschaft als heilig gilt und als Quelle der Identität und Kraft gepriesen wird. Die Erde, die dem Menschen das Leben schenkt, ist der Ursprung eines ewigen Kreislaufs von Zeugung, Ableben und Regeneration und das Zeugnis der immerwährenden Zeitlosigkeit der Schöpfung.

Seit einigen Jahren werden in den Indianerreservaten immer mehr Ferienhotels und Spielcasinos gebaut. Es gibt einen regelrechten Indianertrend, und dementsprechend entstehen maßgeschneidert Indianercamps für Urlauber, die hier reiten, angeln, wandern, mit Pfeil und Bogen schießen und lernen können, wie man Perlen knüpft oder Mokassins näht.

Auch viele Deutsche strömen ins gelobte Indianerland. Denn diese Bleichgesichter leben fad. In ihren überfüllten Städten wachsen Blechlawinen und Neurosen, sie essen Fleischklopse aus Styroporbehältern, und ihr kleiner Traum vom Glück beschränkt sich auf einen Parkplatz vorm Haus. Hier bei den Rothäuten können sie von der Weite des Himmels und der Harmonie mit der Natur träumen.

Noch heute können wir von den Indianern lernen, die Stimmen der Erde wieder zu hören. Nicht umsonst nennen sie die Erde ihre „Mutter". Ihre Naturverbundenheit macht sie in der Tat zu einem leuchtenden Beispiel verantwortungsbewussten Umweltschutzes. So hat die Weigerung eines Apachenstammes, in seinem Reservat im US-Bundesstaat New Mexico Atommüll aufzunehmen, 1995 die amerikanische Nuklearindustrie in Schwierigkeiten gebracht. In einem Referendum lehnten die Mescaleros mehrheitlich den Vorschlag ab, die Brennstäbe für die nächsten vierzig Jahre bei sich unterzubringen, wodurch dem Stamm etwa 250 Millionen

Dollar entgangen sind. Gegen die Lagerung des Atommülls sprach sich vor allem Joseph Geronimo aus, ein Enkel des legendären Geronimo, der als letzter Apache den ungleichen Kampf mit der US-Cavalry aufgegeben hatte.

Wenn wir die Indianer in Ruhe gelassen hätten ...

Zu allen Zeiten feierten die Indianer die Erde und die auf ihr wachsenden Früchte. Hätten die Weißen nach ihrem Vorbild gelebt, gäbe es heute keine verschmutzten Flüsse und keine verpestete Luft. Wie Amerika dann heute aussehen würde, hat die satirische Zeitschrift „National Lampoon" prägnant umrissen:

„Hätte sich der indianische Lebensstil behauptet, könnten wir in Amerika ohne Verschmutzung, Protestbewegung, Arbeitslosigkeit, Inflation und Verbrechen in unseren Städten leben. Breite Fährten zögen sich über ungepflügte Prärien. Hohe vierstöckige Tipis richteten ihre Zeltstangen in einen von Düsenflugzeugen ungestörten Himmel. Ein stabiles System von Muschelgeldwährung herrschte an Stelle des schwankenden Dollars. Die Sandelholzwälder wären nicht gefährdet. Der Wiedehopf würde die Sümpfe Floridas bevölkern. Der Kahlkopfadler und die Wandertaube durchflögen immer noch spielend die Lüfte. Und wir lebten in Ruhe im unberührten Urwald, gekleidet in selbstgegerbte Felle, tränken kaltes Wasser aus eisigen Flüssen und äßen nichts als gesunden, organischen Pemmikan, während die Geister unserer Ahnen uns von den Begräbnisplattformen auf den Bäumen über unseren Köpfen wohlwollend betrachteten."

Zwischen zwei Welten

Die Indianer befinden sich heute in einem inneren Zwiespalt: Mit einer Hand versuchen sie verzweifelt, die Zukunft zu ergreifen, während sie sich mit der anderen an die Vergangenheit und ihre Werte klammern. 50 000 Jahre lang konnten sie sich ungehemmt entfalten, bis ihre freie Entwicklung jäh durch die Ankunft der Weißen unterbrochen wurde. Sie stehen zwischen zwei Welten, die kaum auf einen gemeinsamen Nenner gebracht werden können.

Ihre eigentliche Niederlage vollzog sich im Reservat, in das sie bereits körperlich gebrochen eingewiesen wurden. Dort gingen die Weißen nämlich dazu über, ihnen die Sitten und Gebräuche ihrer Rasse aufzuzwingen, was

automatisch zu Isolation und Armut, Alkoholismus und Drogenmiss-
brauch führte. Die Indianer wollen ihren eigenen Weg finden, selbst die Zukunft bestimmen und nicht zu willfährigen Almosenempfängern der
Bleichgesichter herabsinken.

Wie die Kultur des Besiegten die
Persönlichkeit des Siegers durchdringt

Die Lebendigkeit der indianischen Sprachen, die ständige Vermehrung der
roten Bevölkerung und das Verharren in der eigenen geistigen Kultur beweisen, dass die der gänzlichen Ausrottung nur knapp entgangenen Rothäute wie Phönix verjüngt aus der eigenen Asche erstanden sind und das
Trauma ihrer Niederlage überwunden haben.

Hierzu bemerkt der Indianerkenner Peter Farb: „C. G. Jung hat einmal
behauptet, er könne im Charakter einiger seiner amerikanischen Patienten
indianische Züge erkennen. Sollte das stimmen, so wäre ein Beweis dafür
erbracht, dass die Kultur des Besiegten unmerklich sogar die Persönlichkeit
des Siegers durchdringen kann."

Das Klischee vom „Edlen Wilden"

Der Frage, ob die Indianer die besseren Menschen sind, kann man nur
nachgehen, wenn man sich darüber Rechenschaft ablegt, dass das Bild, das
sich die meisten Europäer von den Indianern und Indios machen, ein
Klischee ist, das geprägt ist von den romantisierenden Darstellungen des
19. Jahrhunderts, von James Fenimore Cooper etwa oder von Karl May.

So verfestigte sich zum einen die Vorstellung vom edlen Naturmenschen,
einst als Zivilisationskritik gedacht, und zum andern das Bild vom grausamen Bewohner der Prärien und Felsengebirge, dem unerbittlichen Feind
der westwärts ziehenden Siedler.

Den „edlen Wilden" – mit seiner unschuldigen Natürlichkeit und seiner
unverbildeten Ursprünglichkeit – in jener wirklichkeitsfremden, ver-
logenen Deutung, wie der europäische „Weißhäutige" den Indianer lange
Zeit gern sehen wollte, gibt es nicht. Viele Indianerstämme haben einander
nur allzu gründlich bekriegt und vertrieben. In die indianische Gesellschaft
haben auch körperlicher und geistiger Verfall durch Wohlleben, Terror
durch Müßiggang, Sklaverei durch Habgier, Grausamkeit aus Not oder
Lust und vieles andere mehr Einzug gehalten. So haben US-Archäologen

nahe dem Missouri in South Dakota ein Massengrab aus dem 14. Jahrhundert entdeckt, das einmal mehr die Mär vom edlen Wilden erschüttert. Der grausige Fund belegt zudem, unter welchen Pressionen die Prärieindianer auch vor Ankunft der Weißen in Amerika standen. Auf dem Gelände einer befestigen Siedlung legten die Forscher, in einem Geviert von etwa sechs mal sechs Meter, bislang 486 Skelette frei. Die meisten Opfer des Massakers waren skalpiert und größtenteils an Nasen, Händen und Füßen verstümmelt worden. Aufschlussreicher aber ist, dass diese Angehörigen des Arikara-Stammes offenbar unterernährt waren – jahrzehntelang hatte in Nebraska und Kansas Trockenheit geherrscht. So trieb, wie die Wissenschaftler vermuten, wohl eine Hungersnot die dort lebenden Indianer zur Wanderung in die fruchtbaren Flusstäler nach Norden. „Wir sind ziemlich sicher", erklärte Grabungsleiter Larry Zimmermann, „dass kriegerische Auseinandersetzungen ein alltägliches Problem waren." Unter den getöteten Indianern sind die Männer weit in der Überzahl – ein Indiz für die Archäologen, dass die Angreifer Frauen als Beute nahmen.

Die Welt der Rothäute war noch lange nicht so heil, wie Karl May uns vorgaukelte. Aber die Indianer waren keine unterentwickelten Schlagetots, die nur aus Spaß genüsslich skalpierten und am Marterpfahl folterten. In Wirklichkeit waren sie alles andere als naive Primitive. Die Indianer wegen ihrer anders verlaufenen Evolution, die nicht nach dem europäischen Wertmaßstab gemessen werden kann, einer späteiszeitlichen Entwicklungsstufe zuzuordnen und ihnen deshalb geistige Schwäche zu bescheinigen, zeugt von blankem Unwissen.

Das Streben der amerikanischen Ureinwohner richtete sich ganz nach dem seelischen und körperlichen Wohlergehen der Gemeinschaft. Das Stammesleben beruhte auf einer Fülle gemeinschaftsphilosophischer Regeln, die nichts charakterlicher Zufälligkeit überließen. Das harmonische Gedeihen ihrer unfrustrierten Stammesgesellschaft basierte aber nicht auf Zwang, sondern auf immerfort neu gezeugter Zustimmung des Einzelnen. Die Indianervölker bemühten sich um die hautnahe Bindung an Mitmenschen und verständnistiefe Verbindung mit der sie umgebenden Natur, suchten Verständnis und Einverständnis mit allen sichtbaren und unsichtbaren Impulsen, die Lebendiges hervorbrachten. Daher rührte auch ihr allgemeines Daseinsglückempfinden, das sie jahrhundertelang durchpulste und das durch die Ankunft der Weißen erheblich gestört wurde. In der Folge sahen sie in den Europäern Barbaren des technischen Zeitalters, deren Wertvorstellungen ihnen als Symptome schwerer seelischer Erkrankungen schienen.

Als die Kulturmenschen der Alten Welt noch von Freiheit, Gleichheit, Brüderlichkeit, Gerechtigkeit, Glück und Wohlfahrt träumten, hatten die meisten indianischen Völker schon seit Jahrhunderten größtenteils die Wunschvorstellungen der Europäer in die Wirklichkeit umgesetzt. Ihre Verehrung alles Lebendigen mündete in eine Geisteshaltung ein, wie sie nicht toleranter und harmonischer hätte sein können.

Langjährig funktionierende indianische Modelle gaben wesentliche Anregungen zur Französischen Revolution, zur Staatsform der Demokratie, ja sogar zum Traum von Kommunismus und Sozialismus. Auch die heute als fortschrittlich geltenden Versuche zur Vermenschlichung des Straf- und Vollzugsrechts, zur Massenhygiene und Frauenemanzipation gehen eindeutig auf indianische Vorbilder zurück.

Indianer und Weiße, das waren und sind auch heute noch – fünfhundert Jahre nach der offiziellen Entdeckung Amerikas – zwei grundverschiedene Welten, von denen man nicht behaupten kann, die eine wäre steinzeitlich und wild, die andere zivilisiert und fortgeschritten. Man kann höchstens von der Voraussetzung ausgehen, dass die Entwicklung in beiden Welten – irgendwann in grauer Vorzeit – in völlig entgegen gesetzte Richtungen verlief. Welcher Werdegang menschenwürdiger war, das ist die große Frage.

Literaturhinweise

Bücher

Dewar, Elaine: „Bones, Discovering the First Americans" (Vintage Canada, Toronto 2001);

Schreiber, Hermann: „Die Neue Welt, Die Geschichte der Entdeckung Amerikas" (Casimir Katz Verlag, Gernsbach 2005);

Menzies, Gavin: „Als China die Welt entdeckte" (Verlag Droemer Knaur, München 2003);

Rudgley, Richard: „Abenteuer Steinzeit, Die sensationellen Erfindungen und Leistungen prähistorischer Kulturen" (Magnus Verlag, Essen 2004);

Müller-Beck, Hansjürgen: „Die Eiszeiten, Naturgeschichte und Menschheitsgeschichte" (Verlag C.H. Beck, München 2005);

Conard, Nicholas J. & Kölbl, Stefanie & Schürle, Wolfgang (Hrsg.): „Vom Neandertaler zum modernen Menschen" (Jan Thorbecke Verlag, Ostfildern 2005);

Mann, C. Charles: „1491 – New Revelations of the Americas before Columbus" (Random House, New York 2005)

Sager, Dirk: „Russlands hoher Norden, Eine Reise von St. Petersburg bis zum Polarmeer" (Rowohlt Verlag, Berlin 2005)

Olson, Steve: „Herkunft und Geschichte des Menschen, Was die Gene über unsere Vergangenheit verraten" (Berlin Verlag, Berlin 2004)

Carter, W. Hodding: „Wie die Wikinger, Von der verrückten Idee bis zur abenteuerlichen Fahrt" (National Geographic im Goldmann Verlag, München 2003)

Zeitschriften- und Zeitungsartikel

„Abenteurer und Entdecker" (P.M. Perspektive, 4/2004)

Kulke, Ulli: „Streit um den ersten Amerikaner, Forscher behaupten: Die Neue Welt wurde schon vor 50 000 Jahren besiedelt – vielleicht sogar per Schiff" („Die Welt", Wissenschaft, Seite 31, 18. Dezember 2004)

Blech, Jörg: „Dreckige Eroberer" („Der Spiegel", S. 217–218, 42/2005)

Keys, David: „Die ersten Amerikaner, Forscher datieren Fußspuren – Siedler kamen schon vor 40 000 Jahren" („Die Welt", Wissenschaft, Seite 31, 5. Juli 2005)

Siefer, Werner & Sanides, Silvia: „Der Fuß des Teufels" („Focus", Seite 80–81, 20/2005);

Sanides, Silvia: „Wanderer der Küste" („Focus", Seite 84–87, 9/2004);

Kulke, Ulli: „Verwirrung ums frühe Amerika: Woher kam der Kennewick-Mann?" („Die Welt", Seite 9, 29. Juli 2004)

Kastilan, Sonja: „Von Afrika aus besiedelte Homo sapiens die Welt, Neue genetische Untersuchungen zeigen, dass der gemeinsame Vorfahr aller modernen Menschen südlich der Sahara lebte" („Die Welt", Wissenschaft, Seite 35, 7. Dezember 2000)

„Der Krieg der ersten Menschen, Wie der Homo sapiens den Neandertaler verdrängte" (Titelgeschichte in „Der Spiegel", Seite 240–255, 12/2000)

Kastilan, Sonja: „Woher kommt der Mensch? Neue Studien schüren den Expertenstreit um die Evolution des Homo sapiens" („Die Welt", Wissenschaft, Seite 35, 12. Januar 2001)

Sohnemann, Julia: „Der schnelle Absprung des Homo sapiens, Asien war schnell erreicht: Streit mit indigenen Volksgruppen über die Nutzung von Genanalysen" („Frankfurter Allgemeine Zeitung", Natur und Wissenschaft, Seite N 2, 18. Mai 2005)

Röhrlich, Dagmar: „Feuer veränderte Australiens Flora und Fauna, Forscher belegen den menschlichen Einfluss auf das Artensterben anhand fossiler Wombatzähne und Vogelschalen" („Die Welt", Wissenschaft, Seite 31, 8. Juli 2005)

Islam, Ranty: „Gene verraten Völkerwanderungen, Neues Forschungsprojekt soll Ausbreitung des Homo sapiens über die Erde rekonstruieren – 100 000 DNA-Tests" („Die Welt", Wissenschaft, Seite 31, 14. April 2005)

„Vor 1000 Jahren entdeckten sie Amerika: Die Wikinger – Eroberer, Barbaren, braune Kultfiguren" (Titelgeschichte in „Der Spiegel", Seite 184–198, 32/2000)

Seewald, Berthold: „Bis ans Ende der Welt" („Die Welt", Seite 10, 6. November 2004)

Stürmer, Michael: „Entdeckte ein Chinese Amerika? Neue Forscher-These: Großadmiral Zheng soll Kolumbus zuvorgekommen sein" („Die Welt", Seite 1, 19. März 2002)

Schulz, Matthias: „Dschunken in Kalifornien?" („Der Spiegel", 4/2003)

Erling, Johnny: „Großer Sprung aufs Meer, Das Reich der Mitte macht den Seefahrer Zheng He zum Paten für sein Streben nach globaler Macht" („Die Welt", Seite 6, 21.Juli 2005)

Bildnachweis

S. 17, 52, 53, 84, 142: René Oth, Overanven in Luxemburg; S. 30, 40, 111, 112, 148, 154, 155, 160 u. 162: Picture Alliance dpa, Frankfurt am Main; S. 127, 128, 138: aus T. Severin, Tausend Jahre vor Kolumbus; S. 16, 20, 21, 41, 42, 47, 76: aus S. Thulin, Indianer der Urzeit. Die Clovis-Periode in Nordamerika.

Verlag und Autor danken allen Leihgebern für die Bereitschaft Bildmaterial für diese Publikation zur Verfügung zu stellen. Leider war es nicht in allen Fällen möglich, die Inhaber der Urheberrechte zu ermitteln. Etwaige Ansprüche kann der Verlag bei Nachweis entgelten.